T0236081

# Interkulturelle Trainings – Eine exemplarische Konzeptentwicklung für die neue Pflegeausbildung

Jasmin Böcek-Schleking

# Interkulturelle Trainings – Eine exemplarische Konzeptentwicklung für die neue Pflegeausbildung

 Springer

Jasmin Böcek-Schleking
Raesfeld, Nordrhein-Westfalen, Deutschland

ISBN 978-3-658-40418-5      ISBN 978-3-658-40419-2   (eBook)
https://doi.org/10.1007/978-3-658-40419-2

Die Deutsche Nationalbibliothek verzeichnet diese Publikation in der Deutschen Nationalbibliografie; detaillierte bibliografische Daten sind im Internet über http://dnb.d-nb.de abrufbar.

© Der/die Herausgeber bzw. der/die Autor(en), exklusiv lizenziert an Springer Fachmedien Wiesbaden GmbH, ein Teil von Springer Nature 2022
Das Werk einschließlich aller seiner Teile ist urheberrechtlich geschützt. Jede Verwertung, die nicht ausdrücklich vom Urheberrechtsgesetz zugelassen ist, bedarf der vorherigen Zustimmung des Verlags. Das gilt insbesondere für Vervielfältigungen, Bearbeitungen, Übersetzungen, Mikroverfilmungen und die Einspeicherung und Verarbeitung in elektronischen Systemen.
Die Wiedergabe von allgemein beschreibenden Bezeichnungen, Marken, Unternehmensnamen etc. in diesem Werk bedeutet nicht, dass diese frei durch jedermann benutzt werden dürfen. Die Berechtigung zur Benutzung unterliegt, auch ohne gesonderten Hinweis hierzu, den Regeln des Markenrechts. Die Rechte des jeweiligen Zeicheninhabers sind zu beachten.
Der Verlag, die Autoren und die Herausgeber gehen davon aus, dass die Angaben und Informationen in diesem Werk zum Zeitpunkt der Veröffentlichung vollständig und korrekt sind. Weder der Verlag, noch die Autoren oder die Herausgeber übernehmen, ausdrücklich oder implizit, Gewähr für den Inhalt des Werkes, etwaige Fehler oder Äußerungen. Der Verlag bleibt im Hinblick auf geografische Zuordnungen und Gebietsbezeichnungen in veröffentlichten Karten und Institutionsadressen neutral.

Planung/Lektorat: Renate Scheddin
Springer ist ein Imprint der eingetragenen Gesellschaft Springer Fachmedien Wiesbaden GmbH und ist ein Teil von Springer Nature.
Die Anschrift der Gesellschaft ist: Abraham-Lincoln-Str. 46, 65189 Wiesbaden, Germany

# Inhaltsverzeichnis

Die kulturelle Heterogenität nimmt in allen Lebensbereichen zu, so auch im Gesundheitswesen. Besonders im Pflegebereich verändern sich in der täglichen Arbeitspraxis die zwischenmenschlichen Beziehungen, was zu „neue[n] und veränderte[n] Anforderungen an die [...] Gesundheitsfachberufe" (Hundenborn/Heul/Zwicker-Pelzer, 2018, S. 2) führt. Deshalb wird im Pflegebereich vermehrt eine Kultursensibilität nachgefragt, ein Begriff, der „eine [...] an der individuellen Lebenswelt und Lebensgeschichte ausgerichtete Beziehungsgestaltung" (ebd.) beschreibt. Dementsprechend ist nach Helfrecht das zukünftige Fachpersonal zu qualifizieren (Helfrecht, 2014).

In den pflegeberuflichen Ausbildungen sind solch kulturbezogene Pflegeaspekte seit Jahren fest etablierter Lerngegenstand. Allerdings lag der Fokus eher auf Kulturspezifika, wie z. B. kultur-religiöse Besonderheiten (Walter, 2020, S. 99). Diese eingeschränkte Perspektive auf Kultur öffnete sich im neuen Pflegeberufegesetz von 2020. Nun werden gleichermaßen die Pflegesituationen, in der Pflegende vor dem eigenen kulturellen Hintergrund handeln und die Berufssituationen, in der interkulturellen Teams und Lerngruppen zusammenarbeiten, betrachtet (ebd., S. 100). Daher wird interkulturelle Kompetenz explizit als Ausbildungsziel für die neue generalistische Pflegeausbildung gefordert.

Aufgrund steigender kultureller Heterogenität in allen Lebensbereichen nimmt die Bedeutung interkultureller Kompetenz als eine Schlüsselqualifikation zu (Mazziotta/Piper/Rohmann, 2016, S. 1). Sie bezieht sich auf die Fähigkeit, eigene kulturell geprägte Denk- und Verhaltensweisen zu reflektieren und in interkulturellen Begegnungen sensibel auf mögliche kulturbedingte Unterschiede zu reagieren (ebd.).

Diese interkulturellen Aspekte sind mithilfe von interkulturellen Trainings vermittelbar (ebd., S. 1). Sie bieten Raum für Reflexionen von kulturell bedingten Verhaltens- und Denkweisen sowie Zeit zum Ausprobieren. Als ein dem

© Der/die Autor(en), exklusiv lizenziert an Springer Fachmedien Wiesbaden GmbH, ein Teil von Springer Nature 2022
J. Böcek-Schleking, *Interkulturelle Trainings – Eine exemplarische Konzeptentwicklung für die neue Pflegeausbildung*,
https://doi.org/10.1007/978-3-658-40419-2_1

non-formalen Weiterbildungsformat im quartären Bildungsbereich zugeordnet, werden Trainings vor allem in internationalen Unternehmen und Non-Profit Organisationen zur Vorbereitung auf inter- und multikulturelle Kontexte eingesetzt (Ang-Stein, 2015, S. 23). Der Einsatzbereich erweitert sich zunehmend und umfasst u. a. öffentliche Verwaltungen, Schulen oder Institutionen im Gesundheitswesen (ebd., S. 19).

Die vorliegende Ausarbeitung betrachtet die neue Pflegeausbildung als einen weiteren Einsatzbereich. Hierfür soll ein interkulturelles Training entwickelt werden, welches die mit dem neuen Pflegegesetz verbundene Chance zur Neugestaltung kultursensibler Aspekte in schulinternen Curricula aufgreift (Walter, 2020, S. 100).

Dies stellt eine Herausforderung dar. Nach bisherigen Recherchen scheinen zum einen für diese Ausbildung kaum Ergebnisse aus der Trainingsforschung vorzuliegen (Leenen, 2007, S. 780) und zum anderen werden curriculare Inhalte nicht explizit als Trainings deklariert. Zu finden sind interkulturelle Trainings, welche 2014 vom Institut für Internationale Kommunikation und Auswärtige Kulturarbeit für die Altenpflegeausbildung entwickelt wurden. Unter einmaliger Finanzierung aus den Mitteln des Bundesförderprogramms „Toleranz Fördern – Kompetenz Stärken", entstanden fünf Trainings zum Thema kultursensible Altenpflege. Ihre Inhalte stehen jedoch auf schriftlicher Anfrage hin nicht zur freien Verfügung (Durak, 11.12.2019). Öffentlich zugänglichen Informationen zufolge erhielten die Pflegeschüler einen eintägigen Workshop mit Rollenspielen und konkreten Fallbeispielen aus der Praxis (Helfrecht, 2014), vermutlich in Ergänzung zur Ausbildung. Hingegen bietet IKUD – Inter-Kultur und Didaktik dauerhaft Fortbildungsseminare in Form von interkulturellen Trainings im Gesundheitsbereich wie Klinik, Arztpraxis und Pflege(-Ausbildung) an. Allerdings scheinen diese auf Praxisexperten zugeschnitten zu sein, welche in fünf Modulen für den Themenbereich interkulturelle Kompetenz zum Trainer befähigt werden (IKUD Seminare, 24.03.2021).

Der Überblicksrecherche nach konzentrieren sich die auf interkulturelle Pflege beziehenden deutschsprachigen Autoren auf Praxisanweisungen für interkulturelle Interaktionen. Dabei fokussieren sie meist eine bestimmte Zielgruppe. Während Alexandra von Bose und Jeanette Terpstra für die Pflege muslimischer Patienten „einen ausführlichen und praktikablen Leitfaden für [die] tägliche Arbeit an die Hand [...] geben" (Bose/Terpstra, 2012, VII), versucht Esther Matolycz in einem Teil ihrer „praktische[n] Hilfestellung für den Pflegealltag" (Matolycz, 2009, S. 1), ihr Hauptthema Kommunikation mit der transkulturellen Pflege zu verbinden. Der Fokus liegt dabei besonders auf afrikanische oder asiatische Migranten (ebd., S. VI–VII; S. 4). Anja Walter hingegen nimmt in ihrem Beitrag „eine pflegedidaktische Perspektive auf das Thema transkulturelle Pflege [ein] – im Mittelpunkt steht das Lehren und Lernen kultursensibler Pflege" (Walter, 2020, S. 99). Mittels des pflegedidaktischen phänomenologischen Situationsbearbeitungsmodells identifiziert sie kulturbezogene Phänomene in Pflegesituationen und zeigt auf, wie hierauf bezogene Lernprozesse vorzubereiten und zu gestalten wären, „um Reflexionsfähigkeit im Hinblick auf Kultursensibilität zu stärken" (ebd.).

Claudia Ang-Stein kritisiert indessen das allgemein geringe Forschungsinteresse zu interkulturellen Trainings, welches sich durch einen nicht erkennbaren Trend zu Neuerscheinungen deutschsprachiger Hochschulschriften kenntlich macht (Ang-Stein, 2015, S. 20). Dabei beruft sie sich u. a. auf Jürgen Boltens Feststellung von 1999, bestätigt in 2007, eines „weitgehend gleichbleibende[m] Repertoire[s] von IKTs, das sich beständig reproduziert" (Bolten zit. nach ebd., S. 21). Dies münde darin, dass interkulturelle Trainings keiner Einzeldisziplin zuzuordnen seien. Sie bündelten eher viele Bezugswissenschaften wie Philosophie, Erziehungswissenschaften, und Praxen wie Management und Schule, aus denen Theorien oder Trainer stammen (ebd., S. 22), welche sich seltener untereinander austauschen. Hierdurch existierten Theorien nebeneinander, Begriffe würden diffus verwendet und theoretische Bezüge nicht deutlich (ebd.). Eine Analyse verwendeter Konzepte sei vereinzelt zu finden und qualitative Forschung etabliere sich nur allmählich (ebd., S. 23). Diese Vielfalt in Verbindung mit fehlender Aufarbeitung der Grundlagen resultiere darin, dass dieselben Themen aufgrund eines mangelnden Gesamtgedächtnisses im Feld immer wieder aufgegriffen würden. Dies behindere den Fortschritt in der interkulturellen Forschung (ebd., S. 22).

Diese Kritik spiegelt sich in den Publikationen von interkulturellen Trainings wider, deren theoretische Grundlage selten expliziert wird. Ein Beispiel stellt das Handbuch von Hiller und Vogler-Lipp dar, welches als Leitfaden zur Konzeption und Durchführung interkultureller Trainings an Hochschulen gilt und explizite Übungsbeispiele liefert (Hiller/Vogler-Lipp, 2010, S. 25). Jedoch ohne eine Fundierung seien interkulturelle Trainings „eine fragwürdige „culture shock prevention industry" (Hannerz, 1992 zit. nach Roth, 2010, S. 122). Tommy Dahléns Untersuchung US-amerikanischer interkultureller Trainings stellte fest, dass Trainings „ohne kritischen Blick und Achtsamkeit für neuere Entwicklungen" mittels „eklektisch zusammengefüge[r] Konzepte [...] und Methoden aus unterschiedlichen Disziplinen und Epochen" (Dahlén zit. nach ebd.) entwickelt wurden.

Vor dem Hintergrund dieser Kritik verfolgt diese Arbeit das Ziel der Entwicklung einer theoretisch fundierten interkulturellen Trainingseinheit für die

neue Pflegeausbildung. Grundlage hierfür bilden vorab darzustellende Rahmenbedingungen des Gesetz- und Verordnungsgebers als potenziellem Auftraggeber.
Dabei gilt diese Trainingseinheit als der erste Teil einer möglichen Trainingsreihe,
welche die kulturbezogenen Aspekte in der Ausbildung schult.

Diese Arbeit gliedert sich in einen theoretischen und einen konzeptionellen
Teil. Der theoretische Teil beginnt zunächst mit den Grundlagen interkulturel-
ler Trainings. Hierin werden die für diese Arbeit relevanten geschichtlichen
Aspekte (Abschnitt 2.1) und wesentliche methodologische Entwicklungsstränge
(Abschnitt 2.2) thematisiert. Aus diesen ergeben sich vorzustellende typische
Trainingsziele (Abschnitt 2.3.1), -inhalte (Abschnitt 2.3.2), Lehr-Lernkonzepte
(Abschnitt 2.3.3) sowie sich daraus ableitende Trainings- und Übungstypen
(Abschnitt 2.3.4). Um der oben beschriebenen Kritik entgegenzuwirken, werden
in einem weiteren Theorieteil kulturrelevante Begriffe aufgezeigt und verwendete
Konzepte erläutert. Dem Ablaufdiagramm nach Rainer Leenen (Abschnitt 3.1)
folgen die Qualitätsdimensionen nach Helga Scholz (Abschnitt 3.2). Anhand
dieser Vorlagen orientiert sich sowohl die Abfolge der Entwicklung dieses Trainings, als auch der Ablauf des Trainingsdesigns. Ein weiteres Fundament bildet
ein prozessorientierter offener Kulturbegriff (Abschnitt 3.3). Er steht einem auf
Nationalität oder Ethnien begrenzten Kulturbegriff gegenüber, welcher heute noch
in manchen Trainings wird (Mazziotta/Piper/Rohmann, 2016, S. 10). In Passung
an dem hiesigen Kulturverständnis schließt sich in Abschnitt 3.4 das Verständnis
von Interkulturalität nach Bolten an. Aufgrund der Komplexität ist interkulturelle
Kompetenz für diese Trainingseinheit einzugrenzen. Daher werden die interkulturellen Kompetenzmodelle, wie das Strukturmodell nach Martine Cardel Gertsen
(Abschnitt 3.5.1) und das Prozessmodell nach Bolten (Abschnitt 3.5.2) herangezogen. Mit der Betrachtung (interkulturellen) Lernens nach Klaus Holzkamp
(Abschnitt 3.6) endet der theoretische Teil. Er bildet die Grundlagen für die
folgende Konzeption.

Diese gliedert sich in zwei Konzeptionsschritte und die Trainingsfeinplanung. Der erste Konzeptionsschritt (Kapitel 4) gibt die analytische Vorphase
wieder. In dieser wird zunächst die neue Pflegeausbildung (Abschnitt 4.1)
vorgestellt, welche für interkulturelle Trainings zu erschließen ist. Das Aufzeigen interkultureller Aspekte verdeutlicht den allgemeinen Trainingsbedarf.
Hierfür werden Neuerungen in der Pflegeausbildung (Abschnitt 4.1.3.1) und die
Anerkennung von Berufsqualifikationen (Abschnitt 4.1.3.2) wiedergegeben. Die
Überprüfung der neuen Ausbildungsstrukturen (Abschnitt 4.1.3.3) ermöglicht erst
eine Implementierung dieser Einheit.

Um die Rahmenbedingungen für die Trainingsentwicklung und ihrer inhaltlichen Ausrichtung festzustellen, folgt eine Analyse der Zielgruppe und Bedarfe

(Abschnitt 4.2) sowie Klientel und Bedarfe (Abschnitt 4.3). Basis dessen bilden öffentlich zugängliche Quellen aufgrund der allgemeingehaltenen Zielgruppe der Pflegeauszubildenden. Außerdem sind Auftraggeberinteressen (Abschnitt 4.4) sowie Berufsfeldspezifika (Abschnitt 4.5) ausschlaggebend für die inhaltliche und strukturelle Trainingsausrichtung. Aus dieser analytischen Vorphase resultiert Kapitel 5. Es enthält mit der Programmentwicklung, den zweiten Konzeptionierungsschritt dieser Trainingsentwicklung und somit die konkreten Trainingsziele (Abschnitt 5.1) und Trainingsinhalte (Abschnitt 5.2). Das Trainingsdesign umfasst die Übungen (Abschnitt 5.3) und stellt beispielhaft einen Trainingsbaustein vor, welcher sich aus dem anvisierten Thema ergibt. Die Ergänzung von Leenens Ablaufdiagramm um die in der Erwachsenenbildung erprobten Aspekte der Trainingsfeinplanung von Bettina Strewe rundet das vorliegende Konzept ab und ist dadurch einsatzbereit (Kapitel 6). Den Abschluss bildet eine Zusammenfassung wichtiger Zusammenhänge dieses Arbeitsprozesses und ein Ausblick auf weitere mögliche Entwicklungen dieses Trainings. Diese Arbeit stellt das Trainingsdesign und die Feinplanung exemplarisch vor. Interessierte Leser finden die vollständige Fassung in der Online-Ausgabe.

# Grundlagen dieses interkulturellen Trainings

# 2

> Training ist „the process of learning the skills you need to do a particular job or activity" (Cambridge Advanced Learner's Dictionary, 2005, zit. nach Leenen, 2007, S. 773).

Interkulturelle Trainings zielen auf die Entwicklung interkultureller Kompetenz ab. Als ein Bündel von Fähigkeiten erlaubt sie einen produktiven Umgang mit komplexen kulturellen Begegnungssituationen (ebd., S. 776)[1], die sich vor allem in den Handlungs- und Problemorientierung der sog. Trainees[2] offenbart. Definiert als ein besonderes Lernformat richten Trainer die Trainingsziele, -themen und das dazugehörige Lehr-Lern-Konzept an konkrete Zielvorstellungen und Bedürfnisse des Auftraggebers.[3]

Eine besonders große Nachfrage nach interkulturellen Trainings stellen interkulturell agierende Branchen, wie das interkulturelle Management, die Polizei oder das Militär. Ebenfalls das Krankenhauspersonal fragt vermehrt nach (ebd.). Erste Recherchen deuten allerdings darauf hin, dass interkulturelle Trainings zumindest in der neuen Pflegeausbildung kein gängiges Unterrichtsinstrument darstellen. Daher erscheint es sinnvoll, zunächst interkulturelle Trainings vorzustellen, da der Blick in die Geschichte dieser eher jungen Erscheinung das Niveau wissenschaftlicher Beschäftigung mit Interkulturalität wiedergibt (Roth, 2010, S. 115).

---

[1] Dabei bleibt in Anlehnung an Bolten kritisch zu hinterfragen, was die jeweiligen Verhandlungspartner jeweils unter „produktiv" bzw. „angemessen" verstehen (Bolten, 2007, S. 28).

[2] An geeigneter Stelle wird von Auszubildenden gesprochen, wobei dieser Begriff synonym zu Trainees zu verstehen ist.

[3] Aus Gründen der besseren Lesbarkeit wird in dieser Arbeit das generische Maskulinum verwendet, ohne dabei weitere Geschlechter auszuschließen (JBS).

© Der/die Autor(en), exklusiv lizenziert an Springer Fachmedien Wiesbaden GmbH, ein Teil von Springer Nature 2022
J. Böcek-Schleking, *Interkulturelle Trainings – Eine exemplarische Konzeptentwicklung für die neue Pflegeausbildung*,
https://doi.org/10.1007/978-3-658-40419-2_2

## 2.1 Auswahl historischer Aspekte interkultureller Trainings

Der Blick in die Entstehungsgeschichte interkultureller Trainings zeigt sowohl eine US-amerikanische als auch eine europäische Entwicklungslinie auf. Diese beziehen sich auf die jeweiligen gesellschaftspolitischen Entwicklungen, wodurch sie grundlegende Unterschiede aufweisen (ebd., S. 116). Infolgedessen besteht eine starke Kontext- und dementsprechend Kulturabhängigkeit (Bolten, 2016, S. 82; Strewe, 2010).

Interkulturelle Trainings wurden nach dem zweiten Weltkrieg (1946) von Edward T. Hall und Kollegen im „Foreign Service Institute" (FSI – Washington DC/USA) entwickelt. Das „cross-cultural orientation program" (Brislin/Pedersen, 1976, rez. nach Leenen, 2007, S. 773) verstand sich als Maßnahme der Personalentwicklung (Bolten, 2016; Roth, 2010, S. 115–116; Leenen, 2007, S. 774) mit dem Ziel, abstrakte anthropologische und linguistische Konzepte für die Praxis des Auswärtigen Dienstes zu erschließen (ebd., S. 115). Interkulturelle Trainings bereiteten dabei Expatriates[4] auf einen längeren berufsbedingten Auslandsaufenthalt in Übersee vor, welche die dortigen interkulturellen Verbindungen unterstützten (Leenen, 2007, S. 773 f.; Mazziotta/Piper/Rohmann, 2016, S. 9). Im Lauf der Zeit legitimierten weitere Aufgaben, wie z. B. der Beitrag zur sozialen Gerechtigkeit (60er- und 70er-Jahren) oder die Verbesserung der Arbeitsbeziehungen innerhalb einer diversen Belegschaft (Ende der 80er- bis Mitte 90er-Jahre), die Durchführung interkultureller Trainings in amerikanischen Organisationen (ebd., S. 9). Innerpolitische Diskriminierungsproblematiken führten seit den 1980er Jahren verstärkt zu einer theoretischen Fundierung interkultureller Trainings (Leenen, 2007, S. 773). Die nunmehr interdisziplinäre Ausrichtung führte zu einer Ansatzvielfalt (Abschnitt 2.2), welche strikt unter den einzelnen Ausrichtungen, wie z. B. Diversity und interkulturelle Trainings, unterscheidet (Roth, 2010, S. 116).[5]

Hingegen fußt der Einsatz von interkulturellen Trainings im deutschsprachigen Raum auf den Folgen von Globalisierung und Debatten zum Multikulturalismus

---

[4] Expatriates sind „Mitarbeitende [bspw. Diplomaten oder technische Entwicklungshelfer] eines Unternehmens, die berufsbedingt für einen längeren Zeitraum ins Ausland entsendet werden" (Mazziotta/Piper/Rohmann, 2016, S. 9).

[5] Aufgrund des moralischen Leitgedankens darf gesellschaftliche Diversität nur indirekt im Rahmen von „Diversity Trainings" angesprochen werden. Sie zielen „primär auf die Abmilderung von Problemen zwischen den frisch zugewanderten, des Englischen (noch) nicht mächtigen unterschichtigen Arbeitnehmern und ihren Vorgesetzten aus der Mainstream-Kultur" ab (Roth, 2010, S. 119). Damit wird ein moralischer Ansatz verfolgt (ebd.).

der 1990er Jahre. Die Entwicklung der Europäischen Union, der postsozialistische Wandel und die damit verbundene Frage nach sozialer Gerechtigkeit prägten hiesige interkulturelle Trainings (ebd., S. 117), wobei die Migrationsbewegungen[6] der 1970er Jahre das wissenschaftliche Interesse aufgrund der Entstehung von Asymmetrien innerhalb der Mehrheit-Minderheits-Beziehungen förderten (ebd., S. 115).

Viele Trainingsmethoden und Grundannahmen interkulturellen Lernens stammten jedoch aus dem nordamerikanischen Kontext, wodurch die Übertragung auf den europäischen Kontext schwer fiel (ebd., S. 117).[7] Bis heute fehlten Trainingsmaterialien mit einem dem europäischen interkulturellen Gesellschaftsverständnis angepassten Inhalt (Bolten, 2016, S. 76). Die Einführung interkultureller Trainings in Deutschland befände sich eher noch in den Anfängen, obwohl die bisher positiven Wanderungssalden und der demografische Wandel eine steigende Nachfrage nach interkulturellen Trainings vermuten lassen (Mazziotta/Piper/Rohmann, 2016, S. 9).

Im Gegensatz zur US-amerikanischen Begriffsnutzung steht interkulturelles Training in Deutschland im weiteren Sinn als Sammelbegriff für unterschiedliche Angebote, wobei die verwendeten Termini auf das jeweilige Anwendungsfeld hindeuten. Dementsprechend liegen verschiedene Trainingsphilosophien und Theorie-Modelle zu Grunde, welche die zeitlichen und politischen Vorstellungen widerspiegeln (Leenen, 2007, S. 773)[8]. Beispielsweise verweisen Agostino Mazziotta und Kollegen darauf, dass im deutschsprachigen Raum interkulturelle

---

[6] Im Allgemeinen werden unter Migration die räumlichen Veränderungen des Lebensmittelpunkts gefasst. Dabei wird zwischen Binnen- und Außenwanderung unterschieden. Ersteres meint die Migration innerhalb nationaler Grenzen, zweiteres die Migration über die nationalen (Deutschen) Grenzen hinweg (BAMF/BMI, 2018, S. 34) In diesem Kontext wird die Außenwanderung fokussiert.

[7] Untersuchungen zu inhaltlichen, methodischen und ethischen Unterschieden zwischen US-amerikanischen und europäischen Trainings stehen jedoch noch aus (Roth, 2010, S. 117).

[8] Leenen weist darauf hin, dass sich in Deutschland die Bezeichnung „Interkulturelles Training" für unterschiedliche kulturelle Bildungs- und Qualifizierungsmaßnahmen durchgesetzt hat. In den USA oder Kanada wird eine Vielzahl von Begriffen verwendet, u. a. „culture awareness" oder „anti-racism-training," welche auf die inhaltliche Ausrichtung hindeuten (Leenen, 2007, S. 773). Entgegen der in Deutschland eher synonym genutzten Begriffe, werden in den USA aufgrund politischer Korrektheit „Diversity Trainings" strikt von „Interkulturelle Trainings" unterschieden. „Interkulturelle Trainings" verstehen sich hier lediglich als Vorbereitungsmaßnahmen für Expatriates. „Diversity Trainings" richten sich an Organisationen, um den Pluralismus und Multikulturalismus innerhalb der Organisationsstrukturen zu fördern (Roth, 2010, S. 118–119).

Trainings in der Diversity[9]-Trainingspraxis z. B. zur Vorbereitung von Personen auf die Interaktion mit anderen sozialen Gruppen oder zur Lösung bereits bestehender Konflikte zwischen diesen Personengruppen genutzt werden (ebd., 10 f.).

## 2.2    Relevante Strömungen interkultureller Trainings

Die methodologische Ausdifferenzierung interkultureller Trainings in den USA geht einher mit derer sich verändernden gesellschaftspolitischen Entwicklung. Mit zunehmender Erfahrung globaler Verflechtungen veränderten sich Trainingsziele und -inhalte (Bolten, 2016, S. 82–83). Daraus resultierten neben Pionierarbeiten, wie Berufsverbände, eine Vielzahl an Ansätzen, Lehrbüchern, Modellen und Trainingsmaterialien, welche einige europäische Trainer aufgegriffen (Roth, 2010, S. 118).

Erste Kurse in den späten 1940er Jahre der USA umfassten informationsbetonte allgemein gehaltene Landeskunde des jeweiligen Ziellandes. Die Ergänzung um Hall's mikro-kulturelle Analysen von Interaktionssituationen verschob den Kursfokus der 1950er auf paraverbale oder raum-zeitliche Aspekte der Kommunikation und bot somit den Trainees mehr Verhaltenssicherheit (Leenen, 2007, S. 774). Eine zusätzliche Verknüpfung mit der case-study-Methodik[10] formte das Analyse- und Trainingsinstrument der Critical Incident Technique. Diese enthält bis heute Kurzbeschreibungen konflikthafter interkultureller Interaktionssituationen, abgestimmt auf die jeweilige Begegnungskultur. Hierbei werden Trainees an verschiedene Interpretationsmöglichkeiten eines irritierenden Verhaltens von Fremdkulturangehörigen herangeführt. Die mit einer Vielzahl solcher Critical Incidents arbeitenden Kulturassimilator-Programme sind bezogen auf ihre Wirksamkeit die mittlerweile am meisten erforschten Trainingsmethoden. Jedoch vermeiden sie heute Trainer aufgrund ihres rigiden Kulturverständnisses (ebd.). Jürgen Bolten weist hier auf die bipolare Kategorisierung innerhalb der klassischen Culture Assimilator Übungen hin, die „vorgeben, es gäbe für die Erklärung von interkulturellen Missverständnissen objektiv gültige Lösungen" (2016, S. 81). Dabei böte vor allem die Mehrdeutigkeit „narrativer Beschreibungen sozialer

---

[9] Diversität (Diversity; engl.: Vielfalt, Verschiedenheit) ist charakterisiert durch die Unterschiedlichkeit/Ähnlichkeit von Personen hinsichtlich bestimmter Merkmale oder Zugehörigkeiten. Ebenfalls können sich Gruppen oder Organisationen aus verschiedenen Personen zusammensetzen, die unterschiedlichen Gruppen (Alter, Beruf, Geschlecht) angehören (Mazziotta/Piper/Rohmann, 2016, S. 5).

[10] Engl.: Fallstudien (Kumbruck/Derboven, 2009, S. 103).

Praxis [für Trainings eine] [...] Möglichkeit zu mehrperspektivistischen und dynamischen Auslegungen interkultureller Kontaktsituationen" (Leenen, 2007, S. 774). Heute ergänzen prozentuale Angaben zur Zustimmung/Ablehnung der beschriebenen Situationen die ehemals vier starren Distraktoren, von denen lediglich einer richtig ist und indizieren damit ein „mehr oder minder Richtig/Falsch" (Bolten, 2016, S. 90).

Nach weiteren Neuerungen, wie dem Culture Shock (1958), welcher Trainees durch Rollenspiele systematisch auf fremdwirkendes Verhalten, Einstellungen und Werte vorbereitet, wechselte die Trainingsausrichtung (1961). Die bisher einseitige akademische Schulung bildete die tatsächlichen Anforderungen im Dienst vor Ort nicht ab und schuf eine emotionale Distanz zum Gelernten (Leenen, 2007, S. 775). Durch die neue Mitarbeit des „Peace Corps"[11] lag der Trainingsfokus statt auf der Förderung von intellektuellem Verständnis auf der Handlungsfähigkeit in ungewohnten und uneindeutigen sozialen Situationen. Damit bildete nun die Förderung der Persönlichkeit der Trainees durch erfahrungsorientierte und non-direktive Lernaktivitäten den Kern der Trainings, welche in den vierbändigen Manuals „Guidelines for Peace Corps Cross-cultural Training" festgehalten wurden. Lerngrundlagen bildeten Primärerfahrungen in Vorbereitungscamps oder Erfahrungen aus Simulationen und Übungen, was die emotionale Lerndistanz überbrückte (ebd.). Die Trainees erlernten auf einer „Meta-Ebene" das selbstständige Entdecken von Lernchancen im Handlungsfeld, die Verantwortungsübernahme für ihren Lernprozess und die permanente Prüfung der Relevanz des Gelernten für ihr Handeln. Das häufige Fehlen konzeptioneller Hintergründe, welche „ein tieferes Verständnis für interkulturelle Probleme" (ebd., S. 775) vermitteln führte jedoch zu Problemen. In Verbindung mit den konfrontativen Methoden erzeugte Stress und Lernwiderstände, welche manche Trainer nicht zu bewältigen wussten (ebd.). Zudem ging die Etablierung des neuen Trainingsgewerbes mit einer Tendenz zur Trivialisierung interkultureller Trainingsinhalte einher. Vereinfachte, in kurzer Zeit Lernerfolge versprechende Modelle überzeugten potenzielle Auftraggeber von der Investition in interkulturelles Lernen (ebd.; Bolten, 2016, S. 76).[12]

---

[11] 1961 richtete John F. Kennedy das U.S. Peace Corps ein. Die Freiwilligen entwickeln gemeinsam mit den Menschen vor Ort in einem zweijährigen Dienst in Entwicklungsländern und Katastrophengebieten einen praktischen Beitrag zur Entwicklung (Leenen, 2007, S. 775).

[12] Schätzungen der American Society for Trainings von 2007 ergaben, dass Amerikanische Unternehmen jährlich im Schnitt 109,25 Milliarden US-Dollar für die interkulturelle Schulung ihrer Mitarbeiter ausgeben, die zum Teil drei- bis fünfmal höher sind als deren Einkommen (Nguyen/Biderman/McNary, 2010, S. 112).

Die folgerichtige Hinwendung zu theoretisch fundierten Trainingsansätzen stärkte das Lernformat interkulturelles Training durch den Einbezug lerntheoretischer Überlegungen in die Trainingsentwicklung oder Erarbeitung einzelner Trainingseinheiten mittels wissenschaftlicher Theorien. Zunehmend fußen Trainingsinstrumente auf empirischen Erkenntnissen, wie z. B. aus Versuchsanordnungen der Sozialpsychologie (Leenen, 2007, S. 776).

Inhaltlich wendeten sich Trainings im euroamerikanischen und inzwischen auch im süd(ost)asiatischen Raum (Bolten, 2016, S. 75) stärker einem neuen Kultur- und Interkulturbegriff zu. Dieser folgt einem eher prozessualen, offenen Verständnis und mehrwertiger Argumentationslogik (Bolten, 2016, S. 77). Hier werden die bisher weit verbreiteten kulturkontrastiven Konzepte und Methoden vermieden, die interkulturelle Konflikte national ethnischer Zugehörigkeit zuschreiben (Hiller, 2010b, S. 43).

## 2.3　Maßgebliche Spezifika interkultureller Trainings

Der Einsatz standardisierter Trainings erscheint kaum sinnvoll (Bolten, 2016, S. 83), denn der Zusammenhang zwischen Trainingszielen, -inhalten und Lehr-Lernkonzepten charakterisiert interkulturelle Trainings (Leenen, 2007, S. 776). Dabei beeinflussen Rahmenbedingungen, wie Aufgaben und Potenziale der Trainees oder Zielland die bedarfsorientierten Ausrichtungen (Strewe, 2010, S. 74; Götz/Bleher, 2010, S. 32), wodurch Veränderungen eines Faktors, wie z. B. die Zielgruppe, ebenfalls das Konzept verändern. Diese Bedingungsfaktoren sind vorab zu klären und bewusst aufeinander abzustimmen (Bolten, 2016, S. 84), um die Auswahl aus der Fülle an Methoden, Übungsformen und didaktischen Konzepten für die Entwicklung eines Trainings zu vereinfachen (Strewe, 2010, S. 74).

## 2.3.1　Trainingsziele

Als Leitbegriff und Umschreibung des generellen Lernziels von interkulturellen Trainings setzte sich interkulturelle Kompetenz in der US-amerikanischen und deutschen Forschung durch (Leenen, 2007, S. 776). Sie ist eine Schlüsselkompetenz für die erfolgreiche Bewältigung einer bestimmten interkulturellen Praxis (Mazziotta/Piper/Rohmann, 2016, S. 1), wie längerfristige Auslandsaufenthalte oder inländische interkulturelle Teamarbeit (Bolten, 2016, S. 83). Auf diese bereiten interkulturelle Trainings durch die Vermittlung praktisch-funktionaler und allgemeiner Bildungsaspekte vor (Leenen, 2007, S. 776). Interkulturelle Kompetenz bezieht sich folglich auf die Fähigkeit, eigene kulturbedingte Denk- und Handlungsmuster zu reflektieren, in interkulturellen Interaktionen für mögliche kulturbedingte Unterschiede sensibel zu sein und sich kulturflexibel zu verhalten (Mazziotta/Piper/Rohmann, 2016, S. 1). Zusammenfassend lässt sich interkulturelle Kompetenz in einer ersten Annäherung als ein Bündel von Fähigkeiten beschreiben, „die einen produktiven Umgang mit der Komplexität kultureller Begegnungs- bzw. Überschneidungssituationen erlauben" (Leenen, 2007, S. 776).

Weitere Trainingsziele können je nach Bedarf allgemein formuliert sein, wie z. B. „auf interkulturelle Teamarbeit vorbereiten". Ebenfalls sind Konkretisierungen möglich, wie z. B. „in verschiedenen Sprachen des Berufsalltages begrüßen können" (Bolten, 2016, S. 83). Dabei sind Bezüge zu unterschiedlichen interkulturellen Lerndimensionen – konativ, affektiv, kognitiv – möglich (ebd., S. 83), was an späterer Stelle noch zu zeigen ist (Abschnitt 3.5.1).

## 2.3.2 Trainingsinhalte

Trainingsinhalte oder Content sind „kultur-/akteursfeldübergreifende, -spezifische oder interkulturelle Themen, die mittels entsprechender Trainingsmaterialien […] in den Trainings umgesetzt werden" (ebd., S. 83). Trotz einer Vielzahl möglicher Themen lassen sich auf einer allgemeinen Ebene typische Inhalte festhalten (Leenen, 2007, S. 777), die für das hiesige Trainingsverständnis bestimmend sind.

Kenneth Cushner und Richard W. Brislin (1997) unterscheiden vier Inhalte, welche zuerst vermittelt werden sollten:

1) die Entwicklung des Bewusstseins von Kulturphänomenen,
2) das Kennenlernen relevanter Kulturkonzepte,
3) das Vertrautwerden mit emotionalen Herausforderungen kultureller Überschneidungssituationen,
4) das Entwickeln und Einüben verschiedener Fähigkeiten zur Bewältigung solcher Situationen (zit. nach Leenen, 2007, S. 777).

In ersterem sollen Trainees ihre eigene Kultur und deren Unterschiede zu anderen Kulturen erkennen sowie deren Effekte, die sich auf die Interaktion auswirken können. Durch zweitens werden unterschiedliche interkulturelle Situationen und deren Prozesse verständlich gemacht, für die sie mittels drei vorbereitet werden. Letzteres verhilft der Erleichterung interkultureller Interaktionen (ebd.).

Die klassischste und bekannteste Inhaltsunterscheidung stammt von William B. Gudykunst und Metschell R. Hammer (1983) welche zwei Trainingsinhalte differenzieren. In kulturübergreifenden Inhalten (Mazziotta/Piper/Rohmann, 2016, S. 14; Leenen, 2007, S. 777) werden Trainees für Kulturbesonderheiten sensibilisiert und kulturgebundenes Verhalten besprochen (Götz/Bleher, 2010, S. 35). Ziel ist die Befähigung zu einer erfolgreichen Interaktion mit Personen jedweder Kultur (Mazziotta/Piper/Rohmann, 2016, S. 13). In kulturspezifischen Ausrichtungen hingegen werden landeskundliche Inhalte, Informationen über kulturspezifisches Verhalten und Interaktionsratschläge hierfür vermittelt (Götz/Bleher, 2010, S. 35; Mazziotta/Piper/Rohmann, 2016, S. 13).

### 2.3.3 Lehr-Lernkonzepte

Aus Trainingsinhalten (Abschnitt 2.3.2) lassen sich Lernmethoden ableiten, die sich ihrem Ansatz nach unterscheiden. Die didaktische Methode basiert auf dem Ansatz der 2faktenorientierten Wissensvermittlung" (Götz/Bleher, 2010, S. 33 f.). Der Annahme folgend, dass erfolgreiche interkulturelle Interaktionen aus kognitivem Wissen resultieren (ebd., S. 33 f.), werden hier große Wissensmengen, bspw. über Kulturbegriffe oder -modelle ohne deren Anwendung gelehrt (Röll, 2010, S. 6).

Das Erfahrungslernen beruht auf dem Prinzip Lernen durch persönliches Erleben, bzw. der Interaktionsorientierung (Mazziotta/Piper/Rohmann, 2016, S. 12). Die These vertretend, dass eigenes Erfahren zusätzliches Wissen generiert, werden hier Trainees mit interkulturellen Situationen konfrontiert Dies beansprucht zeitgleich alle Ressourcen, wie kognitives Wissen, emotionale Ressourcen und Verhaltensstrategien (Götz/Bleher, 2010, S. 34). Dabei geht es um die Erfahrung im Lernprozess und weniger um die Vermittlung harter Fakten (hart facts) (Röll, 2010, S. 6).

Bei der Auswahl des Ansatzes ist die Auswirkung auf den zeitlichen Trainingsumfang zu berücksichtigen. Erfahrungsbasierte, interaktive und verhaltensbezogene Methoden beanspruchen meist mehr Zeit, als rein kognitiv ausgerichtete Methoden (Mazziotta/Piper/Rohmann, 2016, 15 f.). Zu bedenken ist ebenfalls, dass die Übertragung von Wissen oder von Erfahrung aus dem Training auf reale Situationen problematisch sein kann (Röll, 2010, S. 6).

## 2.3.4 Trainings- und Übungstypen

Werden Trainingsinhalte – kulturübergreifend, kulturspeziell (Abschnitt 2.3.2) – mit den jeweiligen Trainingsmethoden – didaktisch, erfahrungsbasiert (Abschnitt 2.3.3) – zusammengefasst, ergeben sich vier Trainingstypen:

1. didaktisch kulturübergreifend,
2. didaktisch kulturspeziell,
3. erfahrungsbasiert kulturübergreifend,
4. erfahrungsbasiert kulturspeziell (Götz/Bleher, 2010, S. 34; Mazziotta/Piper/Rohmann, 2016, S. 13 f.).

In der Praxis sind vor allem Mischformen anzutreffen (Mazziotta/Piper/Rohmann, 2016, S. 15), bei denen unterschiedliche Schwerpunkte, wie instruktiver Trainerinput, durch interaktive Teamarbeit ergänzt werden (Bolten, 2016, S. 84).

Die Unterscheidungen verweisen nun auf mögliche Übungstypen (Bolten, 2016, S. 84, 86). In diesem Spektrum finden sich alle Techniken interkulturellen Lernens (Götz/Bleher, 2010, S. 34) und der Erwachsenenbildung wieder (Leenen, 2007, S. 780). Zur Übungsauswahl stehen Trainern Trainingshandbücher sowie Trainingsvideos zur Verfügung. Sog. Schwarz-Weiß-Kontrastierungen sind dabei lediglich graduell und verantwortungsvoll einzusetzen (Bolten, 2016, S. 86). Sie arbeiten mit vereinfachten kulturellen Gegensätzlichkeiten, die komplexe Zusammenhänge verkürzen und didaktische Ziele im europäischen Kontext eher verfehlen (Roth, 2010, S. 127).

Didaktisch kulturübergreifend ausgerichtete Trainings haben die Vermittlung von generellem Wissen über Kultur und dazugehörigen Wirkungsmechanismen im Blick. Dazugehörige Typen sind klassische Vorträge, Diskussionen, Videos und Kulturassimilatoren[13] (Götz/Bleher, 2010, S. 34).

Didaktisch kulturspezielle Übungen zielen auf die Wissensvermittlung über eine spezielle Kultur ab. Zu den Instrumenten gehören die Einführung in landes- oder gebietsspezifische Fakten, die Vermittlung der Sprache und spezieller Kulturstandards sowie kulturkreisbezogene Assimilatoren, wie Multiple Choice Fragebögen und landesspezifische Bestseller Literatur (ebd., S. 35).

Erfahrungsbasiert kulturübergreifende Übungen sind hingegen auf die aktive Teilnahme ausgerichtet, in der kulturelle Auswirkungen auf die eigene Einstellung

---

[13] Hierunter werden exemplarische Kurzgeschichten verstanden, durch welche kulturbedingtes Verhalten analysiert wird (Götz/Bleher, 2010, S. 34).

und das eigene Handlungsrepertoire erfahren werden. Hierzu zählen interkulturelle Kommunikationsworkshops, kulturelle Simulationen und Selbsteinschätzungsübungen (ebd., S. 35). Dies dient der Entwicklung eines Bewusstseins für den Einfluss von kulturellen Identitäten (Mazziotta/Piper/Rohmann, 2016, S. 15). Erfahrungsbasiert kulturspezielle Übungen nehmen eine spezielle Kultur in den Blick. Hierzu eignen sich bikulturelle Workshops sowie landesspezifische Simulationen und Rollenspiele (Götz/Bleher, 2010, S. 35).

Die Darstellung von Trainingsinhalten während der Übungen hängt von den Trainingszielen und den -methoden ab sowie von Fragen zur Dokumentationsfähigkeit, weiterer Verwendung und Lernressourcen der Trainees (Bolten, 2016, S. 84). Trainer legen fest, wie sie die Inhalte darstellen wollen. Zum einen für sich selbst, z. B. durch eine Trainingsfeinplanung, zum anderen für die Trainees, z. B. Kopien, Bilder, sonstige Materialien. Dabei sind ebenfalls Beschaffungs- und Kostenfragen ausschlaggebend (Strewe, 2010, S. 77).

# Theoretische Grundlagen dieses Trainings 3

Theoretische Grundlagen stützen das Lernformat interkulturelles Training (Leenen, 2007, S. 775–776). Sie vermeiden „das Risiko des didaktischen Versagens, und [fördern bzw. ermöglichen] das Verstehen" (Roth, 2010, S. 125). Hierdurch werden nicht-intendierte Effekte[1] bestmöglich vermieden (Mazziotta/Piper/Rohmann, 2016, S. 26). Denn eine fehlende Orientierung an konzeptionellen Hintergründen kann zur emotionalen Überforderung der Trainees führen (Leenen, 2007, S. 775) oder zum Kontrollverlust seitens des Trainers über Inhalte und Methoden (Roth, 2010, S. 125). Dementsprechend sind für dieses Trainingskonzept Entwicklungsmöglichkeiten, kulturrelevante Begriffe und Lehr-Lernkonzepte theoriebasiert festzulegen (ebd.).

## 3.1 Ablaufdiagramm nach Leenen

Trainings entstehen in einer Ablaufkette, deren Teilprozesse durch ihre eigenen Aufgaben und Qualitätsanforderungen zum Erfolg der Maßnahme beitragen (Scholz/DIN e. V., 2016, S. 14). Dieses Trainingskonzept baut auf dem Ablaufdiagramm nach Leenen auf. Es stellt eine idealtypische Schrittfolge bei der Entwicklung von interkulturellen Trainings dar, „anhand derer sich dessen Prozessqualität[2] diskutieren lässt" (Leenen, 2007, S. 779–780). Dabei umfasst der

---

[1] Diese Effekte beziehen sich auf unbeabsichtigte Wirkungen durch die Umsetzung eines Trainings. Diese können sowohl negativ als auch positiv sein (Mazziotta/Piper/Rohmann, 2016, S. 25).

[2] Donabedian unterscheidet neben der Prozessqualität die Produkt- bzw. Ergebnis- und Strukturqualität. Ersteres bildet die Grundlage für die Evaluation der erbrachten Leistung.

© Der/die Autor(en), exklusiv lizenziert an Springer Fachmedien Wiesbaden GmbH, ein Teil von Springer Nature 2022
J. Böcek-Schleking, *Interkulturelle Trainings – Eine exemplarische Konzeptentwicklung für die neue Pflegeausbildung*,
https://doi.org/10.1007/978-3-658-40419-2_3

17

Prozess gemäß Avedis Donabedian (1982) alle Aktivitäten zur Erstellung eines Trainings (Scholz/DIN e. V., 2016, S. 14). Der Fokus in diesem Konzept liegt auf den vorbereitenden Teilprozessen. Sie schlagen sich in Leenens Ablaufdiagramm in der Analytischen Vorphase (Kapitel 4) und der Programmentwicklung (Kapitel 5) nieder und werden in dieser Konzeption um die Trainingsfeinplanung ergänzt (Kapitel 6). Sie enthält konkrete Hinweise zu zeitlichen oder räumlichen Bedingungen, wobei darauf zu achten ist, dass ein logischer Zusammenhang sowohl aus der horizontalen als auch vertikalen Perspektive ersichtlich wird (Strewe, 2010, S. 80). Der Einsatz der Trainingsfeinplanung erfolgt Leenens Ablaufdiagramm zufolge im dritten Punkt der Durchführung.

In der Analytischen Vorphase findet zunächst die Bedarfsklärung des Auftraggebers mit Blick auf die zukünftige Klientel[3] und der Trainees statt. Anschließend werden alle weiteren Rahmenbedingungen, wie konkrete Vorgaben des Auftraggebers oder weitere Informationen zu Trainees, deren Gruppengröße oder deren Zusammensetzung, evaluiert. Die Evaluation interindividueller Unterschiede der Trainees (Straub, 2010, 2, 6–7) ermöglicht die Entwicklung einer zielgruppenorientierten Didaktik (Kade/Nittel/Seitter, 2007, S. 133). Dabei sind Trainingsziele und Übungen an das Lernniveau, den Lern- und Lebensstilen der Trainees anzupassen (Meyer Junker, S. 2; Velica, 2010, S. 21), wodurch eine individuelle Identifikation mit dem Training ermöglicht wird (Becker, 2007, S. 60).

Bei der Programmentwicklung sind Trainingsziele und Trainingsinhalte, Methodenwahl und Programmdesign zu konkretisieren. Dabei wird das Richtziel interkulturelle Kompetenz auf die Trainingseinheit abgestimmte Teilziele heruntergebrochen. Damit stehen die Ziele mit der zukünftigen Aufgabe und dem Potenzial der Trainees sowie der jeweiligen Zielkultur in Verbindung (Götz/Bleher 2010, S. 32; Leenen, 2007, S. 779–780). Aus der Vielfalt möglicher Inhalte ist ein sich aus dem Auftrag ergebendes Thema auszuwählen. Dabei kann die Orientierung an den Aspekten Kulturbewusstheit, Wissensvermittlung

---

Dabei kann die Ergebnisqualität anhand objektiver Veränderungen, wie z. B. Auftragszunahme, oder subjektiver Veränderungen, wie Teilnehmerzufriedenheit gemessen werden. Struktur- bzw. Potenzialqualität umfasst die Bereitstellungsleistungen einer Organisation. Hierunter sind die Zahl und Bildung von Mitarbeitern oder die Quantität anderer Ressourcen, wie finanzielle oder räumliche zu fassen, den zur Erstellung eines Produktes notwendig sind (Scholz/DIN e. V., 2016, S. 13 f.).

[3] In Branchen, wie bspw. der Pflege, in denen noch keine bzw. kaum Trainingsforschung stattfindet und wenige ausgearbeitete Trainingsprogramme vorliegen, kann es lt. Leenen problematisch sein, die Bedarfe der interkulturellen Kontaktpersonen der Trainees zu evaluieren (ebd., S. 780).Zudem scheint es in der Pflegeforschung an ausreichend repräsentativen Details zu Bedarfe von Migranten in der Pflege zu mangeln (Kohls, 2012, S. 34), weshalb der Bedarf der Klientel aus weiteren Quellen zu schlussfolgern ist.

oder Verhaltensveränderungen (Abschnitt 2.3.2) zu einer dem Trainingssetting angemessenen Tiefenstruktur beitragen (Leenen, 2007, S. 780). Aus diesen Bestimmungen ergibt sich das Trainingsdesign. In dieser methodisch durchformten Abfolge werden die Themen inhaltlich sinnvoll und zeitlich gestuft geordnet. Hierbei gelten als Qualitätsstandards:

1. thematische Stringenz,
2. Passung von Thema und Methode,
3. weiche Phasenübergänge,
4. eine Ausgewogenheit von Herausforderung und Unterstützung der Trainees.

Designentscheidungen erfolgen eher mit einem „Fingerspitzengefühl" (ebd.) anstatt deduktiver Kriterien. Mit diesem folgen Trainings einem festgelegten Szenario, wobei z. B. die Art und der Umfang des Einstieges kulturgebunden ist. Im Wesentlichen umfasst es u. a.: Einleitung, Begrüßung, Vorstellung der Trainees und des Trainers, Erwartungen, Organisatorisches, Durchführung entlang gewählter Ziele, Materialen (Strewe, 2010, S. 75).

## 3.2   Qualitätsdimensionen nach Scholz

Helga Scholz erweiterte die klassischen – äußeren – Qualitätsdimensionen von Donabedian (Abschnitt 3.1) um vier weitere, innere Qualitätsdimensionen. Auf diese stützt sich dieses Konzept.

1) Die Wertequalität. Hierbei steht das Individuum im Bildungswesen im Vordergrund. Sie betrifft den Einzelnen als Akteur, der im Lehr-/Lernprozess für seine eigene Entwicklung verantwortlich ist. Er trägt zur Wertequalität bei, welche unterschiedliche Wertehaltungen und Entfaltungsmöglichkeiten aller Trainees akzeptiert. Der Trainer prägt die Kultur des Miteinanders mittels seiner Werthaltung (Scholz/DIN e. V., 2016, S. 15).

2) Die Methodenqualität. Hierunter fasst Scholz anerkannte Methoden zur Weiterqualifizierung der Lehrenden (ebd., S. 17).

3) Die Transferqualität. Sie berücksichtigt die im Lehr-Lernprozess vermittelten Angebote, welche auch nach einer Lerneinheit im beruflichen zum Einsatz kommen sollen. Dabei ist die Vermittlung von Strategien zur Selbstüberwachung des eigenen Lernvorganges ein wichtiges Kriterium, welches im Lehr-Lernprozess

aktiviert wird. Diese Metakognitionen,[4] sind Denkansätze über das gelernte Wissen und dessen Umsetzung in die Praxis. Hinzu kommt die individuelle Motivationslage, welche in angemessener Form einen Beitrag zum Transfer über den Lehr-Lernprozess hinaus leistet. Hierfür eignen sich Bedarfsanalysen zu gewünschten Effekten der Trainees für das berufliche Handeln (ebd., S. 18).

4) Die Didaktikqualität. Sie erarbeitet Ziele, Inhalte, Prinzipien, Organisationsformen und Mittel der Bildung im Lehr- Lernprozess, wobei sie das Prinzip der Planmäßigkeit und Systematik beachtet. Kennzeichnend ist die „systematische Vermittlung der Kenntnisse in Einheit mit der zielgerichteten Herausbildung der Fähigkeiten und Fertigkeiten" (ebd., S. 16). Daher sind für Trainings „geeignete Qualitätskriterien [...] zu entwickeln, damit Qualitätsstandards für die lernspezifischen Bedürfnisse und Interessen festgelegt werden können" (ebd., S. 17).

## 3.3 Dynamischer Kulturbegriff

Der Kulturbegriff unterliegt einem stetigen Wandel. Er entsteht „aus der Auseinandersetzung des forschenden Geistes mit der jeweiligen sozialen Realität [...] und reflektiert daher stets den Geist ihrer Epoche" (Roth, 2010, S. 122). Für eine Gesellschaft mit fortgeschrittener Mobilität, Individualisierung und Informationsvernetzung ist ein relativistisches Kulturverständnis zu statisch und deterministisch. Daher wird hier Kultur aufgefasst „als das spezifische, erlernte soziale Wissen von kohärenten und einheitlichen gesellschaftlichen Ganzheiten [...], die in territorial voneinander abgegrenzten Räumen leben" (ebd.).

Im heutigen beruflichen und privaten Alltag werden „interkulturelle Handlungsfelder [...] immer seltener durch eindeutige kulturelle Zuschreibungen" (ebd., S. 123) erklärbar. Kultur ist dynamisch, komplex und facettenreich. Sie weist Strukturen auf, welche situations- und vom Einzelfall abhängig sind (ebd.). Kultur zeigt sich „nie in eindeutig fixierbarer Gestalt, sondern stets in Verbindung mit anderen sozialen, ökonomischen und politischen Phänomenen". (ebd., S. 125). Demnach werden kulturelle Merkmale erst in Abgrenzung zu anderen Kulturen bewusst sowie individuelle Nuancen und subkulturelle Einflüsse deutlich (Kumbruck/Derboven, 2009, S. 8). Menschen leben in selbst gesponnenen

---

[4] Unter Metakognition versteht Scholz „eine Reihe von Phänomenen, Aktivitäten und Erfahrungen, die mit dem Wissen und der Kontrolle über eigene kognitive Funktionen (z. B. Lernen, Gedächtnis, Verstehen, Denken) verbunden sind" (Mähler et al., zit. nach Scholz/DIN e. V., 2016, S. 18).

kulturellen Bedeutungsgeweben (ebd. S. 9) und sind somit geprägt von der Kultur ihrer Nation, Profession, Geschlecht, Familie, oder Schule (ebd. S. 8). Die Sozialisation in den jeweiligen Geweben prägt ihre Sichtweisen auf die Welt (ebd., S. 8). Darin nehmen Symbole, Bilder und subjektive Interpretationen einen wichtigen Platz ein (Roth, 2010, S. 124). Als implizites Wissen genutzt, definiert dieses semiotische Bedeutungssystem, was wir für normal, gut oder richtig erachten (Kumbruck/Derboven, 2009, S. 8). Dieses wird in Interaktionen von Menschen eines Kulturraumes entwickelt und angepasst (ebd., S. 8). Kultur ist in dieser konstruktivistischen Sichtweise der „andauernd betriebene Versuch des Kollektivs, sich und seine Situation zu definieren" (Kleppestø, 1993 rez. nach Roth, 2010, ebd.). Dies geschieht in Anpassung an gesellschaftliche Verhältnisse, welche wiederum beeinflusst werden durch globale, gesellschaftliche und politische Machtstrukturen (Hiller, 2010b, S. 43 f.). Dieses Kulturverständnis „bietet für die Aufarbeitung von Interaktionen in multikulturellen Kontexten die deutlich bessere Grundlage" (ebd., S. 124).

## 3.4 Interkulturalität nach Bolten

Bolten zufolge beschränken sich Akteursfelder nicht auf eine einzige Kultur. Daher sei ein jedes interkulturelles Trainingsziel, die Wechselbeziehungen von Akteuren und deren Perspektivenabhängigkeit in den Blick zu nehmen, um sich manifestierende Stereotypenbildung zu vermeiden (Bolten, 2016, S. 76). Sich vom monokulturperspektivistischen Paradigma abwendend, fasst Bolten den Begriff der Interkulturalität unter einem prozessorientierten heterokulturellen Paradigma in folgende Aspekte zusammen:

1) Mehrwertigkeit. Bolten versteht das Denken von Akteuren als mehrwertig. Mehrwertigkeit umfasst neben multioptionalem Denken (Sowohl-als-auch) auch strukturorientiertes Denken (Entweder-Oder). Akteure sind charakterisiert durch kulturelle Mehrfachzugehörigkeit zu Gruppen und damit verbundene wechselnde Kontextbezüge, deren Anzahl von den jeweiligen Erfahrungsräumen abhängig ist. Dadurch treffen auf einen Akteur verschiedene Attributionen zu, welche sich situationsbedingt individuell ausgestalten. Für die jeweilige Gewichtung ist individuelle Positionierung zum jeweiligen Kontext bedeutsam. Dabei bedarf es unter Einbeziehung eigener moralischer Vorstellungen der permanenten Selbstreflexion der Akteure. Infolgedessen ist Mehrwertigkeit Dialogfähigkeit vorauszusetzen, um eigene Positionierungen kontextreflexiv formulieren und argumentativ vertreten zu können (ebd., S. 78 f.).

2) Relationalität bezeichnet eine Perspektive, die von Aspekten wie Mehr-deutigkeit, Prozessdynamik, Vernetzung und Interdependenz abhängt. Kulturen werden in Abhängigkeit von den Handlungskontexten ihrer Akteure erzeugt. Sie können ein prozessorientiertes Identitätsverständnis[5] oder ein essentialistisch strukturorientiertes Verständnis[6] umfassen und wirken sich auf die Fortsetzung von Beziehung aus. Wie relevant die Beziehungspflege hingegen erscheint, wird von individuell biographischen und lebensalterbezogenen Aspekten sowie sozialen, religiösen oder politischen Rahmungen und der Umgang mit ihnen beeinflusst. Dabei ist entscheidend, dass Veränderungen in und zwischen Netz-werken möglichst früh und detailliert wahrgenommen werden. Dies ermöglicht ein an Akteursbeziehungen orientiertes, mikroanalytisches Vorgehen. Hier ver-flüchtigen sich feste äußere Strukturen und differenzierte Akteursbeziehungen, Interaktionen und Prozesse treten in den Vordergrund. Distanziert man sich von diesem Vorgehen, rücken diese Prozessdynamiken wieder in den Hintergrund. Das Akteursfeld erhält wieder mehr Struktur in bivalenter Logik, was Struktur-abgrenzungen und Kulturvergleiche ermöglicht. Erst durch relationales Denken, unterstützt durch eine selbstreflexiv-strukturprozessuale Sichtweise, wird Kultur als Resultat einer vielfältigen Beziehungspflege verstanden (ebd., S. 79 f.).

3) Perspektivenreflexivität. Sie ist eine „(selbst)kritische Form von Perspekti-venrelativität" (ebd., S. 80). Hiernach sind alle Formen von Beziehungen durch ihren jeweiligen Kontext relativierbar und damit wertfreies Ergebnis mehrwer-tiger und relationaler Betrachtungen. Dabei wirkt eine kontinuierliche Selbst-Positionierung auf der Metaebene, z. B. weltanschaulicher Überzeugungen, der Gefahr der Gleichgültigkeit entgegen, in der die Gleichbedeutung verschiedener Perspektiven und Beziehungen innerhalb ihrer Kontextbezüge propagiert wird. Hierbei sind Aspekte des Sprachgebrauchs und der Umgang mit Mehrsprachigkeit charakteristisch (ebd., S. 81). Eine solche Reflexivität der Perspektivenrelativität hilft „Blindness to power imbalances"[7] (ebd.) zu vermeiden.

## 3.5    Auswahl interkultureller Kompetenzmodelle

Theoretische Modelle können zu einem tieferen Verständnis für das Trainingsziel interkulturelle Kompetenz beitragen und das Risiko von Einseitigkeit und Ober-flächigkeit minimieren (Leenen, 2007, S. 776). Durch sie erhält die Auswahl und

---

[5] Identität als Ergebnis von Akteursbeziehungen (Bolten, 2016, S. 79).
[6] Ich = Ich (ebd.).
[7] Engl.: Blindheit gegenüber Machtungleichheiten (JBS).

der Aufbau der Übungen mehr Systematik, was einen größeren Erfolg für die Zielerreichung verspricht (Bolten, 2007, S. 24).

Die Auswahl vorliegender Modelle liegt zum einen im Bekanntheitsgrad und zum anderen in der Übereinstimmung zum hier verwendeten Kultur- (Abschnitt 3.3) und Interkulturverständnis (Abschnitt 3.4) begründet.

### 3.5.1  Strukturmodell nach Gertsen

Der Schwerpunkt interkultureller Trainings liegt auf dem Ausbau von interkultureller Kompetenz (Götz/Bleher, 2010, S. 32), welche inzwischen als Schlüsselkompetenz für interkulturelle Interaktionen gilt (Hiller, 2010a). Jedoch gibt es aufgrund unterschiedlicher kultureller Einflüsse (Bolten, 2007, S. 21)[8] und der sich daraus ergebenen Modellvielfalt eine große Definitionsspanne interkultureller Kompetenz. Gemein haben alle, dass interkulturelle Kompetenz als ein Bündel von Fähigkeiten zu sehen ist, welches einen produktiven Umgang mit komplexen kulturellen Begegnungssituationen erlaubt (Leenen, 2007, S. 776).[9]

Abgrenzend zu Listenmodellen[10], welche unterschiedliche Teilkompetenzen interkultureller Kompetenz aufführen, etablierten sich Strukturmodelle. Das in interkulturellen Trainings am häufigsten aufgegriffene Modell (ebd., S. 22) von Martine Cardel Gertsen (1990) gliedert interkulturelle Teilkompetenzen in kognitive, affektive und konative interkulturelle Dimensionen (Behrnd, 2010, S. 81), wodurch eine Strukturierung bisheriger Forschungsergebnisse auf diesen drei Ebenen stattfand (Bolten, 2007, S. 22 f.).[11]

1) Auf einer gedankenbezogenen Ebene sollen Trainees kognitiver interkultureller Trainings lernen, dass kulturelle Prägungen und persönliche Einstellungen

---

[8] Trotz aller Kritik, dass es sich beim Konstrukt interkultureller Kompetenz um ein eher westliches Denkmodell handle, wurde das Ausmaß situationsspezifischer interkultureller Kompetenz während der Interaktion von Personen unterschiedlicher Herkunft bisher kaum untersucht (Bolten, 2007, S. 27).

[9] In Anlehnung an Bolten sei kritisch zu hinterfragen, was die jeweiligen Verhandlungspartner jeweils unter „produktiv" bzw. „angemessen" verstehen (ebd., S. 28).

[10] Angefangen mit Sverre Lysgaards Listenmodell (1955) sind eine Vielzahl von Listenmodellen entstanden. Sie beinhalten Teilkompetenzen, welche interkultureller Kompetenz zugesprochen werden. Als Merkmalskern aller bildeten sich u. a. Empathie oder Rollenverhalten sowie Ambiguitätstoleranz und Offenheit heraus (ebd., S. 22).

[11] Eine weitere Entwicklung interkultureller Kompetenzmodelle sind Phasenmodelle. Sie veranschaulichen einen sich durch Erfahrung aufbauenden Kompetenzbegriff. In Milton J. Bennetts Developmental Model of Intercultural Sensitivity (DMIS/1986) durchläuft interkulturelle Kompetenz die aufeinander aufbauenden Stufen: Denial (Verleugnung), Defense

gegenüber fremder Kulturen Auswirkungen auf eigenes Handeln und somit auf Interaktionen haben. Es entsteht Wissen über Gemeinsamkeiten und Differenzen zwischen den jeweiligen Interaktionskulturen. Daher ist bei dieser Trainingsausrichtung die Vermittlung spezieller Kenntnisse über eine bestimmte Kultur sowie der generellen Bedeutung von dieser bedeutsam (Götz/Bleher, 2010, S. 33–34). Zusätzlich werden hierin u. a. die Teilkompetenzen, „Selbstbewusstsein", „Self Awareness" und „Realistische Erwartungen" intendiert (Bolten, 2007, S. 23), welche zur Erleichterung interkultureller Interaktionen beitragen können (Behrnd, 2010, S. 81).

2) Die gefühlsbezogen ausgerichteten Trainings fokussieren die persönliche Einstellung in Bezug auf kulturelle Unterschiede innerhalb einer interkulturellen Interaktion (ebd., S. 81), wofür „Unvoreingenommenheit", „Offenheit" und „geringer Ethnozentrismus" als Teilkompetenzen benötigt werden. Hierbei kann es zur Steigerung von Respekt und Wertschätzung sowie zum Abbau von Vorurteilen und Kontaktängsten in Bezug auf Fremdkulturen kommen (Mazziotta/Piper/Rohmann, 2016, S. 16). Ziel dieser affektiv ausgerichteten interkulturellen Trainings ist die Befähigung zur emotionalen Selbstkontrolle bei der Interaktion mit kulturfremden Menschen (Götz/Bleher, 2010, S. 33–34).

3) Verhaltensorientiert (behavioristisch oder konativ) ausgerichtete Trainings setzen Impulse zur Förderung sozialer und kommunikativer Konfliktfähigkeit (Mazziotta/Piper/Rohmann, 2016, S. 16). Trainees sollen dabei lernen, sich selbstständig Methoden anzueignen und zu entwickeln, um das eigene Verhalten in interkulturellen Interaktionen an die Verhaltensmuster der jeweiligen Fremdkultur anpassen zu können. (Götz/Bleher, 2010, S. 33–34). Hierfür bedeutsame soziale und kommunikative Fähigkeiten, wie „Ambiguitätstoleranz", „Flexibilität" und „Sprachfähigkeit", werden dieser konativen Ebene zugeordnet (Bolten, 2007, S. 23).

Trotz des Zugewinns an konzeptioneller Systematik und Ausgewogenheit von Trainings aufgrund der Orientierung an solchen Strukturmodellen, findet in Trainings selten eine Durchmischung der einzelnen Ebenen statt (ebd., S. 22). Dabei erscheint zur vollen Wirkungsentfaltung ein Wechselspiel dieser unterschiedlichen Ebenen sinnvoll (Röll, 2010, S. 9). Bspw. entwickelt sich Sensibilität für Kulturbesonderheiten nach Frank Herbrand eher, wenn mehr Wissen über eine Kultur vorhanden ist. Dies wirkt sich positiv auf die individuelle Einstellung gegenüber dieser aus und mündet in interkulturelle Handlungskompetenz.

---

(Abwehr), Minimization (Verkleinerung, Bagatellisierung), Acceptance (Annahme), Adaptation (Anpassung) und Integration (Eingliederung). Mit zunehmender Erfahrung lässt sich interkulturelle Kompetenz auf eine weitere Stufe steigern (Bennett, 2018).

Denn „für die Wahl situativ angemessener Verhaltensweisen" müssen „relevante Umweltfaktoren [...] wahrgenommen und dann korrekt interpretiert werden" (2002, S. 48, zit. nach IKUD Seminare, 4. September 2008).

## 3.5.2 Prozessmodell nach Bolten

Das Interdependenzverhältnis von Gertsens Strukturmodell (Abschnitt 3.5.1) greift Boltens Prozessmodell auf. Ihm zufolge ist interkulturelle Kompetenz ein „synergetisches Produkt des permanenten Wechselspiels der [kognitiven, affektiven und konativen] Teilkompetenzen" (Bolten, 2007, S. 24), wodurch ein prozessuales Verständnis entsteht. Damit stimmt der Begriff interkulturelle Kompetenz mit dem lerntheoretischen Verständnis von Handlungskompetenz überein, welche das Resultat des Zusammenwirkens von Personal- bzw. Selbstkompetenz, Sozialkompetenz, Fachkompetenz und Methodenkompetenz darstellt. Demnach wird Handlungskompetenz als holistisches Konstrukt verstanden (ebd., S. 24). Es ist Bolten zufolge problemlos möglich, die im Strukturmodell aufgeführten Teilkompetenzen interkultureller Kompetenz den jeweiligen Teilkompetenzen von Handlungskompetenz zuzuordnen. Somit sind bspw. unter Rückgriff auf das Modell von Stefan Müller und Katja Gelbrich (Bolten, 2007, S. 23) „Offenheit" (affektive Dimension), „Flexibilität" (konative Dimension) und „kulturales Bewusstsein" (kognitive Dimension) der Selbstkompetenz zuzuordnen. Dadurch ist interkulturelle Kompetenz keine eigenständige Kompetenzform, sondern eine Variante allgemeiner Handlungskompetenz (Bolten, 2010a, S. 102), welche auf interkulturelle Kontexte[12] transferiert wurde (ebd., 2007, S. 25 f.). Interkulturalität meint dabei ein „konkretes Interaktionsgeschehen [...] zwischen zwei Personen [...], deren Sozialisation in unterschiedlichen Lebenswelten stattfindet" (ebd., S. 102). Hierbei muss „ein Interaktionsszenario ausgehandelt" (ebd., S. 102) werden, welches eigens hierfür akzeptierten Handlungsroutinen folgt. Eine Interkultur entsteht. Ihre Potentiale sind darin zu sehen, „dass sie auf synergetischem Weg vollkommen neue Konventionen, Handlungsregeln und Ideen zu generieren in der Lage ist" (ebd.).

Interkulturelle Kompetenz wird demzufolge in der konkreten Handlung als Performanz sichtbar, wobei die Gewichtung der zu Tage kommenden Teilkompetenzen situationsabhängig ist (ebd., 2007, S. 28; ebd., S. 102). Ein Beobachter

---

[12] Hier werden die Faktoren der allgemeinen Handlungskompetenz um äußere Faktoren, wie Angemessenheit und Effektivität ergänzt. Diese wurden dem erweiterten Strukturmodell von Müller und Gelbrich (2004) entnommen. Damit entsteht ein Zusammenhang von Handlungskompetenz und Interkulturalität (Bolten, 2007, S. 23, 24, 26).

kann „hypothetisch auf das Vorhandensein einer inneren Disposition, einer Kompetenz" schließen (Lerch, 2016, S. 45 f.). Sie tritt dann in Kraft, wenn die Akteure in der Lage sind, in interkulturellen Interaktionen angemessen zu handeln (Leenen, 2007, S. 776), d. h. die Situation richtig zu deuten, die Emotionen angemessen zu steuern und verwirrende Momente zu bewältigen. Interkulturelle Kompetenz ist demnach für Aushandlungsprozesse interkultureller Beziehungen und deren Kommunikation konstitutiv (Bolten, 2016, S. 80 f.).

## 3.6   (Interkulturelles) Lernen nach Holzkamp

Als Lerngegenstand in den jeweiligen Epochen unterschiedlich gewichtet, stellt interkulturelle Handlungskompetenz heute eine verbindliche Norm dar. Sie soll durch Lernen die Entwicklung und das Handeln vieler Menschen in einer globalisierten Welt fördern. Interkulturelle Handlungskompetenz ist ein vorläufiges Ergebnis eines lebenslangen Lernprozesses, den sich Individuen im Laufe ihrer Sozialisation aneignen und in ihr individuelles Handlungsrepertoire einfügen (Straub, 2010, S. 31). Sie ist zugleich ein kulturelles Dispositiv und eine personale Disposition, welche in spezifischen humanen Lernpotentialen gründet. Jedoch bleibt laut Jürgen Straub selbst dort, wo ausdrücklich die Rede von interkulturellem Lernen ist, offen, worin die lerntheoretischen Grundlagen beim Erwerb interkultureller Kompetenz bestehen und wie die didaktischen Interventionen und Instruktionen begründet sind (ebd., S. 34). Dabei seien lerntheoretische Fragestellungen Voraussetzung für erfolgreiche Vermittlung interkultureller Kompetenz in interkulturellen Trainings. Um dieser Kritik Rechnung zu tragen, wird die Lerntheorie von Klaus Holzkamp herangezogen, die Straub zufolge noch unausgeschöpftes Potential im Bereich des interkulturellen Lernens bietet (ebd.) und für interkulturelles Lernen nutzbar gemacht werden kann.

Ausgangspunkt von Holzkamps subjektorientierter Lerntheorie sind vernunftbegabte und leidensfähige (quasi) Erwachsene, wie sie in interkulturellen Trainings zur Berufsvorbereitung anzutreffen sind. Durch beispielsweise Erfahrungen mit interkulturellen Begegnungen weisen sie individuelle Lern- und Lebensbiografien auf. Diese Eigenheiten sind für die Auswahl des Lerngegenstandes ausschlaggebend. Dieser wird aufgrund einer Diskrepanzerfahrung, wie sie in Begegnungen mit Unbekanntem möglich sind, ausgewählt. Hier reichen bestehende Handlungsmöglichkeiten, weitere Kraft- und Zeitinvestitionen des Subjektes nicht mehr aus. Das Subjekt erlebt die Diskrepanz als Handlungsproblem, durch das es in der interkulturellen Interaktion nicht weiterkommt. Dieses

Diskrepanzerlebnis kann im Training entweder als bereits stattgefundenes Erlebnis von den Trainees individuell herangezogen oder als in der beruflichen Praxis zu vermeidendes Erlebnis vom Trainer initiiert werden.

Will das Subjekt die erfahrenen Grenzen seiner Handlungsmöglichkeiten der kulturellen Interaktion und die damit verbundenen Einschränkungen von Erlebnismöglichkeiten überwinden, entsteht aus dem Handlungsproblem ein Lerngegenstand, für das bewusste Anstrengungen aufgenommen werden, z. B. durch den Besuch eines interkulturellen Trainings. Bei diesem intentionalen Lernen erweitern reflektiert eingesetzte Lernhandlungen die bisherige routinierte und habitualisierte Praxis (ebd., S. 50). Bei der Durchführung von Trainings steht Erfahrungslernen anhand von Übungen im Vordergrund In der Art kommen sie selten in der Lernbiografie der Subjekte vor. Allein das Miterleben bisher unbekannter Übungen erweitert den Horizont des Lernens. Solch expansives Lernen[13] bezweckt die Erweiterung und Veränderung des Selbst (ebd., S. 43). Es beinhaltet auf interkultureller Ebene Veränderungsprozesse, welche die Aneignung der fremden Kultur sowie die Neubestimmung des Verhältnisses zur eigenen Kultur umfassen. Dabei grenzt der Trainee einen relevanten Lerngegenstand nach eigenen Maßstäben aus der Lernproblematik aus. Dieser Teilaspekt stellt aus der Traineeperspektive einen Teil einer bisher unzugänglichen Welt und damit verbundenen Bedeutungskontexten dar. Deren Erschließung führt zu einer Steigerung der Verfügungsmacht des Erlernten und der selbst empfundenen Lebensqualität (ebd., S. 55). Diese Teilaspekte sind je nach Tiefgründigkeit nicht immer ad hoc und in Gänze erfahr- und erlernbar, was je nach Relevanz für die jeweilige Handlungsproblematik nicht immer notwendig ist (ebd., S. 76). Interkulturelle Kompetenz als Lernrichtziel interkultureller Trainings besteht aus Teilkompetenzen, welche sich wiederrum weiter ausdifferenzieren. Sie sind insgesamt nicht auf einmal erlernbar, werden aber in Teilen durch Übungen in Trainings vermittelt. Selbst wenn eine Eingrenzung seitens des Trainers geschieht, weist das gesamte Training mit seiner strukturellen Beschaffenheit unterschiedliche Tiefenstrukturen des Lerngegenstandes auf. In diese kann der Trainee nach eigenen Maßgaben und Lernfähigkeiten vordringen (ebd., S. 77). Also „von (relativer) Flachheit zu wachsender Tiefe" (Holzkamp, zit. nach ebd., S. 76, Klammern im Orig.) fortschreiten. Dabei kann die Erschließung des Gegenstandes zwischenzeitig zur Abwehr führen, wodurch das Lernen hinterfragt wird (ebd., S. 44). Die ursprüngliche Handlungsproblematik zu einem permanenten Bezugspunkt für die intentionale

---

[13] Intentionales Lernen steht in Abgrenzung vom defensiven und intrinsischen Lernen. Beim defensiven Lernen orientieren sich Lernende an äußeren Verpflichtungen. Sie lernen, um Sanktionen zu vermeiden. Beim intrinsischen Lernen stellt die Lernhandlung selbst die motivationale Quelle dar (Straub, 2010, S. 41 f.).

Lernhandlung werden lassende Lernschleifen, können zur Überwindung einer solchen Abwehr beitragen und zum Weiterlernen animieren (ebd., S. 60). Im Lernprozess können Lernsprünge vollzogen werden. Beim Vordringen in die sich beim Lernen entfaltenden Tiefenebenen des Gegenstandes kann es mit den bisherigen Lernprinzipien zu sog. „intermediären Diskrepanzerfahrungen" kommen (ebd., S. 79). Zur Erreichung der nächsten Tiefenebene muss die Lernproblematik so verändert werden, dass weitere Aufschlüsselungen möglich werden. Dazu ist eine bewusste Distanzierung zu bisherigen automatisierten und damit unbewussten Lernprinzipien notwendig. Vermeintlich unproduktive Lernprinzipien, z. B. das reine Online-Lernen einer Fremdsprache für interkulturelle Interaktionen, werden dann bestenfalls durch neue Lernprinzipien, z. B. ein interaktives Tandem beim Sprachenlernen, ersetzt (ebd., S. 80). Dieser Zugewinn entspricht dem Lernfortschritt auf einem qualitativ höheren Niveau, was Holzkamp als „Überwindung einer Diskrepanzerfahrung höherer Ordnung" bezeichnet (ebd., S. 91, Hervorh. im Orig.). Dabei wird die eigentliche Zielorientierung teilweise zurückgenommen und eine bewusste Positionierung gegenüber der Lernproblematik eingenommen. Dafür sind eine zwischenzeitige Distanzierung gegenüber dem Selbst, der Situation und Aufgabe, ein Perspektivwechsel und emotionale Vielseitigkeit Voraussetzungen und gleichzeitig integrale Bestandteile der Lernhandlungen nötig (ebd., S. 64). Vor allem, wenn Lernanforderungen durch Dritte erfolgen, führt erst eine bewusste emotionale Positionierung, in welcher das Lernsubjekt eine Lernproblematik verinnerlicht hat, zu intentionalen Lernhandlungen (ebd., S. 65). Sie müssen subjektiv begründet werden, wobei eine Anknüpfung an individuelle Lebensinteressen, wie z. B. das erfolgreiche Gestalten von beruflichen interkulturellen Interaktionen, essenziell ist. Diese emotional-motivationale Qualität von Handlungsbegründungen ist nicht rein als kognitive Vernunftbegründungen zu verstehen (ebd.). Sie muss bei begründungstheoretischen Explikationen des Lernaspekts stets mit aufgegriffen werden, um Lernhandlungen zu initiieren (ebd., S. 67).

So legt Holzkamps komplementäre Lerntheorie nahe, wie in Trainings interkulturelle Kompetenz erworben werden kann, unabhängig von der Spezifizierung der relevanten Komponenten dieses Lerngegenstandes in der konkreten Lernsituation (ebd., S. 49).

# Konzeptionsschritt 1: Analytische Vorphase

**4**

In der analytischen Vorphase, der erste Schritt dieser an Leenens Ablaufdiagramm (Abschnitt 3.1) orientierten Trainingsentwicklung, werden Bedingungen herausgearbeitet, die für das spätere Trainingskonzept wichtig erscheinen. Hierzu zählen Rahmenbedingungen des Auftraggebers, Zielgruppen und Bedarfe sowie Trainingszeitpunkt, u. a. (Strewe, 2010, S. 74 f.).

In diesem Fall wird zunächst die neue Pflegeausbildung (Abschnitt 4.1) vorzustellen sein, denn sie stellt ersten Recherchen zufolge für interkulturelle Trainings ein noch relativ unbekanntes Einsatzgebiet dar. Das Ablaufdiagramm wird um den Punkt Klientel und Bedarfe (Abschnitt 4.3) ergänzt, deren Zusammensetzung und Bedarfe sich auf das spätere Trainingsdesign auswirken (Leenen, 2007, S. 780). Um das Training auf das individuelle Anforderungsprofil der neuen Pflegeausbildung und auf die konkreten Probleme des interkulturellen Pflegekontextes abstimmen zu können, ist ein detailliertes Wissen hierzu erforderlich (Bolten, 2010b, S. 58). Dieses ist im Punkt Berufsfeldspezifika (Abschnitt 4.5) zu erarbeiten.

## 4.1 Trainingsbedarf – Neue Pflegeausbildung

Die seit Januar 2020 laufende Pflegeausbildung scheint für interkulturelle Trainings ein noch eher unbekanntes Einsatzgebiet zu sein. Daher soll sie in diesem Kapitel vorgestellt werden, wobei gleichzeitig der generelle Trainingsbedarf für dieses Berufsfeld zu verdeutlichen ist. Es werden hierfür primär die Faktoren betrachtet, welche interkulturelle Aspekte ausweisen und zur Implementierung dieses Trainings notwendig sind. Allerdings sind vorab sozialstrukturelle Entwicklungen aufzuzeigen, welche die Pflegeausbildung begründeten und das Thema in gesellschaftspolitische Entwicklungen einbetten.

© Der/die Autor(en), exklusiv lizenziert an Springer Fachmedien Wiesbaden GmbH, ein Teil von Springer Nature 2022
J. Böcek-Schleking, *Interkulturelle Trainings – Eine exemplarische Konzeptentwicklung für die neue Pflegeausbildung*,
https://doi.org/10.1007/978-3-658-40419-2_4

## 4.1.1  Hintergründe zur Pflegeausbildung

Die Inhalte und Strukturen der getrennten Ausbildungen in der Altenpflege, der Krankenpflege und der Kinderkrankenpflege stimmten mit dem sich verändernden Pflegekontext nicht mehr überein (Kühn-Hempe/Hundenborn/Scheu, 2011, S. 1).[1] Pflegeeinrichtungen erbringen mehr medizinische Behandlungspflege und medizinische Einrichtungen versorgen eine wachsende Anzahl älterer und hochaltriger Menschen (BMBF, 2015, S. 88). Dabei stoßen immer mehr Menschen mit ausländischen Wurzeln auf den deutschen Pflegekontext. Neben hohen gesundheitlichen Anforderungen (Tagesschau.de, 25.02.2020 09:24)[2] und schlechter Bezahlung (Schildmann/Voss, 2018)[3], bedingte die Trennung der drei Pflegeberufe und den damit verbundenen Ausbildungsabschlüssen eine fehlende Durchlässigkeit zwischen den jeweiligen Pflegeberufen (Knigge-Demal/Eylmann/Hundenborn, 2011, S. 5; Schildmann/Voss, 2018). Ebenfalls war stellenweise der Zugang zu akademischen Professionen erschwert (Steffen/Löffert, 2010, S. 9; Schildmann/Voss, 2018).[4] Bisher fehlende bundeseinheitliche Rahmenlehrpläne[5] ließen außerdem

---

[1] Die Ausbildungen Altenpflege, Gesundheits- und (Kinder)Krankenpflege wurden außerhalb des Berufsbildungsgesetzes in den jeweiligen bundesrechtlichen Berufsgesetzen organisiert. Kritisiert wurde neben dieser Sonderstellung auch das Fehlen der im staatlich organisierten berufsbildenden Schulsystems geltende qualitätssichernde Normen (Steffen/Löffert, 2010, S. 29).

[2] Der andauernde Personalmangel führt zur Gesundheitsgefährdung des Personals und letztlich der zu Pflegenden. Es liegen vielfach Gefährdungsanzeigen vor. Als offizielle Meldungen von Pflegekräften an die Geschäftsführung in Krankenhäusern geben sie einen Hinweis darauf, dass aufgrund des Personalmangels notwendige Pflegeleistungen nicht ausgeführt werden können und somit auch die Gesundheit der zu Pflegenden gefährdet ist. Jedoch bleibt deren Behebung unberührt (Schildmann/Voss, 2018, S. 9).

[3] Einer Studie der Hans-Böckler-Stiftung zufolge drückt sich die geringe Wertschätzung gegenüber des Pflegeberufes bereits im Gehalt aus (Der Spiegel, 05.06.2018). Der Bruttostundenlohn von Gesundheits- und Krankenpflegern lag 2010–2017 bei 16,23 Euro und von Altenpflegern bei 14,24 Euro (Schildmann/Voss, 2018, S. 1). Im Vergleich dazu betrug 2009 der Mindestlohn in der Pflege für Westdeutschland 10,55 Euro (ebd., S. 25).

[4] Vielfach ist der Erwerb der Fachhochschulreife an Berufsfachschulen oder in Verbindung mit einem erfolgreichen Berufsbildungsabschlusses im beruflichen Bildungssystem möglich. Im Krankenpflegegesetz war dies nicht ausdrücklich vorgesehen. Nur einige Länder, wie Mecklenburg-Vorpommern, ermöglichten mit der Ausbildung zum Gesundheits- und (Kinder-)Krankenpfleger den gleichzeitigen Erwerb der Fachhochschulreife. Dieser war mit zusätzlichem Unterricht und zusätzlicher Prüfung verknüpft (Steffen/Löffert, 2010, S. 41).

[5] Im Unterschied zu Ausbildungsberufen, die dem Berufsbildungsgesetz unterliegen, existierten in den Alten- und Gesundheits- und (Kinder) Krankenpflegeausbildungen keine

das einheitsstiftende Kriterium der Qualifikationsvergleichbarkeit, den berufs-pädagogischen Standard der Handlungsorientierung und die bundeseinheitliche Schulgeldfreiheit[6] vermissen, wie sie im staatlich organisierten berufsbildenden System zu finden sind (Steffen/Löffert, 2010, S. 29–30). Ein solch man-gelhaftes Berufsprofil war für Auszubildende unattraktiv und führte letztlich dazu, dass die Auszubildendenzahlen sanken.[7] Es wurde eine systematische Ausrichtung des Personaleinsatzes an den Bedarfslagen der einzelnen Beschäf-tigungsbereiche notwendig, für die flexible Qualifikationen benötigt werden (Knigge-Demal/Eylmann/Hundenborn, 2011, S. 5).

Folglich mussten Ausbildungsgänge neu überdacht und so konzipiert wer-den, dass sie eine schnelle und flexible Anpassung an die sich verän-dernden Qualifikations- und Kompetenzanforderungen ermöglichten (Kühn-Hempe/Hundenborn/Scheu, 2011, S. 4). Die zusammenfassende Neukonzeption der Ausbildungen Gesundheits- und (Kinder-)Krankenpflege sowie Altenpflege war aus inhaltlicher Sicht relativ unproblematisch (Steffen/Löffert, 2010, S. 5), da sie in den altersgruppenunabhängigen Grundlagen große Überschneidungen aufwiesen (Müller, 2009, S. 9).

## 4.1.2 Die neue Pflegeausbildung

Das vom Bundesfamilienministerium gemeinsam mit dem Bundesgesundheits-ministerium vorbereitete und im Juli 2017 verkündete Pflegeberufereformgesetz (PflBRefG) schaffte den Rahmen für den Start der neuen Pflegeausbildung

---

bundeseinheitlichen Rahmenlehrpläne. Dafür orientierten sich die in fast allen Bundeslän-dern vorliegenden landesspezifischen Rahmenvereinbarungen und Rahmenlehrpläne an den berufspädagogischen Prinzipien und Vorgaben des Berufsbildungssystems (ebd., S. 38, 79).

[6] Die Regelungen für die Ausbildungen der Sozial- und Gesundheitsbranche fanden struktu-rell und inhaltlich unterschiedlich statt (Schildmann/Voss, 2018, S. 17). Während z. B. die Gesundheits- und (Kinder)Krankenpflegeausbildung in den meisten Ländern über Ausbil-dungsfonds finanziert wurde, trugen die Pflegekassen die Kosten der praktischen Altenpfle-geausbildung und der Großteil der Länder die schulischen Kosten (Steffen/Löffert, 2010, S. 70). Dies ging einher mit einem enormen Verwaltungsaufwand (ebd., S. 65) und geringer Vergleichbarkeit (ebd., S. 29).

[7] Mit den Kennzahlen neu aufgenommener Auszubildenden lassen sich Ausbildungspro-gnosen vornehmen. Hiermit kann die Absolventenzahl eingeschätzt werden, die am Ausbil-dungsende potenziell in den Arbeitsmarkt münden (DIP, 2019, S. 57). Im Ausbildungsberuf Altenpflege wurden 2015/2016 in NRW 470 Auszubildende mehr als im vorangegangenem Ausbildungsjahr 2013/2014 aufgenommen. 2015/2016 begannen in der Gesundheits- und Krankenpflege hingegen 188 Schüler weniger eine Ausbildung (DIP, 2019, S. 57).

(BMFSFJ, 22.10.2019). Neben der Abschaffung der bisherigen Ausbildungen zum 31.12.2019 enthält es das seit Januar 2020 geltende Pflegeberufegesetz (PflBG). Dieses regelt die bisher im Altenpflegegesetz und im Krankenpflegegesetz getrennt geregelten Pflegeausbildungen als eine nun bundesweit schulgeldfreie generalistische Ausbildung (MAGS NRW, 2021). Dabei bildet §56 PflBG[8] die Grundlage zur Konkretisierung der Strukturen und Inhalte in der Pflegeausbildungs- und Prüfungsverordnung (PflAPrV) (BMFSFJ, 2018, S. 1).

Mit der neuen Berufsausbildung geht eine verbesserte Durchlässigkeit zwischen den einzelnen Pflegebereichen einher, da die Ausbildung auf alle Altersgruppen gerichtet ist. Aufgrund dieser neuen Flexibilität ergeben sich für Pflegeabsolventen mehr berufliche Entwicklungsperspektiven, wobei spätere Spezialisierungen und Weiterbildungen im Sinne lebenslanges Lernen berufsprägend bleiben (BMBF, 2015, S. 88). Diese Veränderungen sollen zu einem attraktiveren Berufsbild und dadurch zu wachsenden Auszubildendenzahlen beitragen, um dem Fachkräftemangel[9] entgegenzuwirken (MAGS NRW, 2020, S. 2).

### 4.1.3    Neuerungen in der Pflegeausbildung

Die Pflegeausbildung geht mit unterschiedlichen Neuerungen einher, die struktureller und inhaltlicher Natur sind. Sie bilden die Grundlage für den anzunehmenden Trainingsbedarf. Die Neuerungen, welche interkulturelle Aspekte beinhalten und solche, die eine generelle Implementierung ermöglichen, werden im Folgenden vorgestellt.

---

[8] Der §56 „Ausbildungs- und Prüfungsverordnung, Finanzierung, Verordnungsermächtigungen" ermächtigt das Bundesministerium für Familie, Senioren, Frauen und Jugend und das Bundesministerium für Gesundheit „in einer Ausbildungs- und Prüfungsverordnung [u. a.] die Mindestanforderungen an die Ausbildung" (PflBG) sowie die Errichtung, Zusammensetzung und Aufgaben" zu regeln (ebd.).

[9] Die Bundesagentur für Arbeit geht (Stand Juli 2019) von einem bundesweiten Fachkräftemangel für den gesamten Pflegebereich aus. In der Altenpflege z. B. konnten von 100 offenen Stellen 26 besetzt werden, während in der Kranken- und Kinderkrankenpflege 60 von 100 besetzt wurden (BMFSFJ, 2019, S. 5). In Nordrhein-Westfalen bspw. lag im März 2018 die Arbeitslosenquote für die Gesundheits- und (Kinder-) Krankenpflege bei 0,6 % und in der Altenpflege 1,2 %. Damit wurde diese landesweite Arbeitslosenquote als Vollbeschäftigung gewertet (DIP, 2019, S. 71).

### 4.1.3.1 Neuer Inhalt der Pflegeausbildung

Die Inhalte der Pflegeausbildung passen sich einem herausfordernder werdenden Pflegealltag an (aerzteblatt.de, 2019), in welchem immer mehr Menschen aus unterschiedlichen Kulturen aufeinander treffen (BAMF/BMI, 2018, S. 221). Nun entsprechen die Ziele der neuen Ausbildung den Kompetenzanforderungen, die eine interkulturell flexibel agierende Pflege einfordert (Kühn-Hempe/Hundenborn/Scheu, 2011, S. 4). So sieht die handlungssystematische und kompetenzorientierte Ausbildung zur Pflegefachfrau bzw. zum Pflegefachmann (Hundenborn/Ammende/Arens, 2019, S. 11f.) die Vermittlung fachlicher und personaler Kompetenzen vor. Diese umfassen neben methodischen, sozialen und kommunikativen Kompetenzen interkulturelle Kompetenzen sowie die Fähigkeiten Wissenstransfer und Selbstreflexion, welche auf die Pflege von Menschen aller Altersstufen vorbereiten (BMFSFJ, 2017, S. 2583). Hiermit wurden die für die interkulturelle Arbeit erfolgsversprechenden Personenmerkmale aufgegriffen (Thomas/Kinast/Schroll-Machl, 2010, S. 93f.).

Das der Ausbildung zu Grunde liegende Pflegeverständnis enthält sozialpflegerische Maßnahmen der Beratung und Begleitung von pflegebedürftigen und sterbenden Menschen. Sie erfolgen nach allgemein anerkanntem „Stand pflegewissenschaftlicher, medizinischer und weiterer bezugswissenschaftlicher Erkenntnisse auf Grundlage einer professionellen Ethik [, welche] [...] die konkrete Lebenssituation, den sozialen, kulturellen und religiösen Hintergrund, die sexuelle Orientierung sowie die Lebensphase der zu pflegenden Menschen [berücksichtigt]" (§5 Abs. 2 PflBG). Dabei werden ihre Selbstständigkeit und ihr Recht auf Selbstbestimmung unterstützt. Dieses Verständnis drückt die Umorientierung der Pflegeberufe aus, bei der Pflege nicht mehr lediglich auf eine verrichtungsorientierte körpernahe Pflege abzielt, sondern interaktive, kommunikative und koordinierende Handlungsschwerpunkte hinzukommen (Müller, 2009, S. 9). Dabei wird das Konzept des lebenslangen Lernens „als ein Prozess der eigenen beruflichen Biographie verstanden und die fortlaufende persönliche und fachliche Weiterentwicklung als notwendig anerkannt" (BMFSFJ, 2017, S. 2583). Interkulturelle Pflege ist demnach als individuelle Pflege zu verstehen, welche die individuellen kulturbedingten Bedürfnisse berücksichtigt.

### 4.1.3.2 Anerkennung von Berufsqualifikationen

Um zur Entlastung deutscher Pflegekräfte und Stärkung der Ausbildung beizutragen (BReg, 2019, S. 2) öffnete sich das Pflegeberufegesetz stärker dem internationalen Arbeitsmarkt (Hundenborn/Rosen/Scheu, 2011, S. 5). Zur Ausübung eines reglementierten Berufes ist das Führen der Berufsbezeichnung erforderlich. Berufsspezifische Anforderungen sind durch Pflegefachkräfte mit ausländischen Abschlüssen und durch inländische Fachkräfte gleichermaßen zu erfüllen (BReg, 2019, S. 147). Zur Gewährleistung einer besseren und schnelleren Integration ausländischer Interessenten in den Arbeitsmarkt umfasst das Pflegeberufegesetz nun die Anerkennung ausländischer Ausbildungsabschlüsse (§§ 40–43 PflBG). Diesem nach ist der Ausbildungsstand als gleichwertig anzuerkennen, wenn keine wesentlichen Unterschiede zwischen der Ausbildung des Antragstellers und der neu geregelten Pflegeausbildung vorliegen (§40 Abs. 2 PflBG). Liegt keine Gleichwertigkeit vor, muss diese entweder durch eine Kenntnisprüfung mit Inhalten der staatlichen Abschlussprüfung oder durch einen maximal drei Jahre andauernden Anpassungslehrgang mit abschließender Prüfung erbracht werden (§40 Abs. 3 PflBG)[10].

Entsprechend der Konventionen des Europäischen Parlamentes und Rates, nach denen die transnationale Mobilität für Arbeitnehmer und Lernende erleichtert werden soll (EP/ER, 2009, 11, Abs. 1), wird die neue generalistische Pflegeausbildung über die EU-Richtlinie über die Anerkennung von Berufsqualifikationen in anderen EU-Mitgliedstaaten automatisch anerkannt. Diese Trainingsentwicklung wird sich auf die Vorbereitung von Trainees auf den deutschen Pflegekontext beschränken, wodurch an dieser Stelle eine weitere Auseinandersetzung mit dieser Thematik zu vernachlässigen ist.

### 4.1.3.3 Neue Ausbildungsstrukturen

Während die neue primärqualifizierende Hochschulische Pflegeausbildung drei Jahre dauert (§§ 37–39 PflBG)[11], umfasst die berufliche Ausbildung nach § 6 (1) des PflBG in Vollzeitform drei und in Teilzeitform maximal fünf Jahre. Sie besteht aus einem in Abschnitten stattfindenden theoretischen und praktischen Unterricht und einer anteilig überwiegenden praktischen Ausbildung. Hierfür sind der Unterricht und die praktische Ausbildung aufeinander abzustimmen (BMJV, 2018). Die Auszubildenden erhalten zwei Jahre lang eine

---

[10] Die zu erbringenden Inhalte geben dabei die zuständigen Behörden vor. Die jeweiligen Anpassungslehrgänge finden dann an den unterschiedlichen Pflegeschulen statt (Bezirksregierung Düsseldorf, 2019), wie z. B. an der Akademie für Gesundheitsberufe in Wuppertal (Akademie für Gesundheitsberufe, 2019) oder an der BIGEST-Pflegefachschule in Bochum (Katholisches Klinikum Bochum gGmbH, 2020). Dabei werden die Teilnehmer der Anpassungslehrgänge zusammen mit den regulären Auszubildenden zu den geforderten Inhalten unterrichtet.

[11] Neben den Inhalten der beruflichen Ausbildung vermittelt die neue hochschulische Ausbildung u. a. Wissen zur Erschließung pflegewissenschaftlicher Erkenntnisse und ihrer Umsetzung in die Praxis. Es schließt mit dem akademischen Grad Bachelor of Science ab. Dieser darf nach einer inkludierten staatlichen Prüfung zum Pflegefachmann bzw. zur Pflegefachfrau geführt werden (Bosch, o.A.a)

gemeinsame, generalistisch ausgerichtete Ausbildung (BMG, 2018). Ein anfänglicher Orientierungseinsatz und spätere spezifische Pflichteinsätze runden die theoretischen Abschnitte ab (§7 Abs. 1 und 2; §3 Abs. 3 PflAPrV; Hundenborn/Ammende/Arens/et al., 2019, S. 12). Folglich soll dieses interkulturelle Training in einem der Abschnitte des theoretischen und praktischen Unterrichts etabliert werden, um auf die praktischen Einsätze vorzubereiten. Dabei sind die Kenntnisstandprüfungen zu berücksichtigen, welche in den einzelnen Fachbereichen zum einen nach jedem abgeschlossenen Ausbildungsjahr durch ein Zeugnis und zum anderen nach zwei Dritteln der Ausbildung durch eine Zwischenprüfung erfolgen (§6 Abs. 1 PflAPrV). Durch die damit festgestellten Kompetenzen haben die Länder die Möglichkeit, diese im Rahmen einer Pflegeassistenz- oder -Helferausbildung anzuerkennen (BMG, 2018). Unabhängig vom Ergebnis kann im dritten Ausbildungsjahr die generalistische Ausbildung fortgesetzt oder ein gesonderter Abschluss in der Altenpflege bzw. in der Gesundheits- und Kinderkrankenpflege erworben werden (BMFSFJ, 2017, S. 2584).[12] Nach bestandener staatlicher Abschlussprüfung der fortgeführten generalistischen Ausbildung erwerben die Auszubildenden die Erlaubnis zum Führen der Berufsbezeichnung „Pflegefachfrau" bzw. „Pflegefachmann" (§2 Abs. 1 PflGB).

## 4.2 Zielgruppe und Bedarfe

Wurde in einem Berufsfeld ein genereller Trainingsbedarf festgestellt, wird im weiteren Entwicklungsverlauf versucht, Informationen über die Zielgruppe und deren Trainingsbedarf zu erhalten. Dies beinhaltet die kulturellen Orientierungen ebenso wie die interkulturellen Vorerfahrungen, die Motivlagen und Lernmöglichkeiten (Leenen, 2007, S. 780). Dieses Konzept soll für keine vorab feststehende Gruppe entwickelt werden. Es versteht sich als generelles Konzept, welches in allen Ausbildungsjahrgängen eingesetzt werden kann. Daher wurden für die Analyse der hier vorzustellenden Zielgruppe und deren Trainingsbedarf öffentlich zugängliche Informationen, wie Pflegegesetz, Prüfungsverordnung, Regierungserklärungen oder Statistiken herangezogen.

Die neue Ausbildung eröffnet für Menschen mit Migrationshintergrund[13] eine neue Arbeitsperspektive (Habermann/Stagge, 2015, S. 6). So kann im Training

---

[12] Die weiteren Regelungen für diese spezifischen Abschlüsse werden gesondert in Teil 5 des PflBG „Besondere Vorschriften über die Berufsabschlüsse in der Gesundheits- und Kinderkrankenpflege sowie in der Altenpflege" (§§ 58–62) geregelt.

[13] Das hier verwendete Verständnis von Migrationshintergrund ist entnommen aus dem Mikrozensus 2018. Hier wurde Migrationshintergrund wie folgt definiert: „Eine Person hat

neben deutschstämmigen Trainees zum einen mit auslandsstämmigen gerechnet werden, welche im Rahmen von Anerkennungsverfahren dieser Ausbildung für den deutschen Kontext nachgehen. Zum anderen ist mit bereits in Deutschland lebenden Trainees mit Migrationshintergrund zu rechnen, die teils im Rahmen der seit Januar 2019 die Pflegeberufereform flankierende „Ausbildungsoffensive Pflege (2019–2023)"[14] für die Ausbildung gewonnen wurden (BMFSFJ, 2019, S. 16). Mit dieser Heterogenität sind kulturbedingt unterschiedliche Pflegeverständnisse und damit einhergehende Rollenerwartungen anzunehmen (Habermann/Stagge, 2015, S. 11 f.). Schlussfolgernd ist für diese Zielgruppe ein Trainingsbedarf für das Arbeiten in interkulturellen Teams anzunehmen.

Eine individuellere Trainingsbegleitung verspricht einen positiven Einfluss auf eine gelingende Integration nichtmuttersprachlicher Trainees (Engelhard/Wappenschmidt-Krommus, 2015, S. 13). Zu berücksichtigen ist daher die wahrscheinliche Sprach- und Lesekompetenz. Bei ausländischen Trainees wird aufgrund der Einwanderung der Sprachwortschatz als weniger umfangreich eingeschätzt. Hier scheint weniger die Landessprache an sich problematisch. Vielmehr soziokulturelle Kontexte, vor allem in nonverbalen Situationen im Pflegegeschehen, können missverstanden werden (Habermann/Stagge, 2015, S. 11 f.). Zu deutschen Trainees, deren Zugangsqualifikation den 9-jährigen Hauptschulabschluss mit abgeschlossener Pflegehelferausbildung bzw. Pflegeassistenzausbildung oder gleichwertiger Berufsausbildung umfasst (Bosch, o.A.b), legen Umfragen nahe, dass diese aufgrund fehlender Qualifizierungen Schwierigkeiten beim Leseverständnis haben.[15] Demnach muss das erwartbare Sprach-

---

einen Migrationshintergrund, wenn sie selbst oder mindestens ein Elternteil die deutsche Staatsangehörigkeit nicht durch Geburt besitzt" (BAMF/BMI, 2018, S. 195).

[14] In diesem Zusammenhang muss ein kurzer Hinweis auf die Debatte der „Ausbildungsreife" genügen. In dieser werden an einer Ausbildung interessierten Schulabgängern mangelnde Fähigkeiten zur Aufnahme einer Berufsausbildung unterstellt. Sie mache es Unternehmen schwer, geeignete Auszubildende für ihren Betrieb zu finden (Dobischat/Kühnlein/Schurgatz, 2012, 20, 23) und führe in Berufsbranchen, wie der Pflege, zu hohen Abbrecherquoten. Selbst bei ausreichender Anzahl von Auszubildenden, seien es nicht viele, die den betrieblichen Ansprüchen entsprächen (Eberhard, 2018). Trotz eines seit 2006 feststehenden Kriterienkatalogs fehlten in der Debatte ein einheitliches Begriffsverständnis und empirische Studien hierzu sowie eine eindeutige Ursachenzuschreibung der mangelnden „Ausbildungsreife". Sie unterscheidet sich von der „Berufseignung" (Dobischat/Kühnlein/Schurgatz, 2012, S. 17–18; 41, 53). Diese Umdeutung von Versorgungsproblemen der Auszubildenden mit ausreichenden Ausbildungsplätzen in Qualifikationsproblemen scheint den Druck auf die Wirtschaft zu reduzieren, sich hinreichend um den Ausbau von Ausbildungsplätzen zu kümmern (Eberhard, 2018).

[15] Es scheinen Auszubildende Probleme beim Leseverständnis zu haben, weil sie „keine mentalen Modelle des Textes aufbauen und Schlüsselstellen nicht erkennen. Die komplexe

und Leseverständnis bei der Materialzusammenstellung berücksichtigt und während des Trainingsgeschehens reflektiert und angepasst werden. Ebenfalls sind die kulturbedingt unterschiedlichen Lerntypen einzubeziehen. Die Trainees aus traditionelleren Kulturkreisen bevorzugen vermutlich Lernangebote, welche Lesen, Zuhören und Rezipieren beinhalten, während Personen aus Industriegesellschaften eher experimentelles Lernen präferieren (Berninghausen/Hecht-El Minshawi, 2013, S. 8 f.).

Zu bedenken sind überdies unterschiedliche Trainings- und Lernerwartungen, die mit unterschiedlichen Lebensstilen einhergehen. 2015 waren von den Pflegeauszubildenden 25,8 % zwischen 22 und 25 Jahren alt und knapp 13 % 25 + Jahre (Bühler, 2015, S. 8). Bei Auszubildenden und Umschülern der Altenpflege waren sogar 32 % über 30 Jahre alt (Freifrau von Hirschberg/Hinsch/Kähler, 04/2018, S. 61). Zudem lag 2019 der weibliche Anteil sozialversicherungspflichtig Beschäftigter in der Altenpflege bei 83 % und in der Krankenpflege bei 80 % (Radtke, 2020). Bei Geburt ihres ersten Kindes lag das Durchschnittsalter einer Frau im Jahr 2019 bei 30,1 Jahre (Rudnicka, 2020). Somit sind verschiedene Familienkonstellationen in der Traineegruppe zu erwarten, die bei der Übungsentwicklung einzubinden sind.

Die Klassengröße, deren Kennziffer für die Übungsdurchführung eine Rolle spielt,[16] erschließt sich nur aus Erfahrungswerten heraus, welche aus der Tätigkeit als freie Dozentin im Fachseminar für Altenpflege der Caritas Bochum stammen. Hier lag die Spannweite der Klassengrößen von 20 bis 30 Personen.

## 4.3 Klientel und Bedarfe

Die Trainingskonzeption berücksichtigt neben der eigentlichen Zielgruppe (Abschnitt 4.2) ebenfalls die Klientel, auf die Trainees in ihrer Praxis treffen werden (Leenen, 2007, S. 780). Das Wissen um die sich teilweise unterscheidenden Voraussetzungen für die Pflege von Menschen spielt eine große Rolle für die bedarfs- und bedürfnisorientierte Versorgung (Tezcan-Güntekin/Razum, 2015, S. 1564). Die generalistische Ausbildung umfasst allerdings die Pflege

---

Syntax und der fehlende (Fach-)Wortschatz bereiten Schwierigkeiten. Dazu kommen mangelnde Personalkompetenzen (Motivation, Konzentrationsfähigkeit)" (Knapp/Pfaff/Werner, 2008, S. 203).

[16] Die für die Übungsdurchführung zu planende Sozialform und zeitliche Einteilung wird durch die Klassengröße beeinflusst. Ist die Kennziffer besonders groß, müssten größere Gruppen eingeteilt werden, um im zeitlich angesetzten Rahmen zu bleiben. Auch die Methode der Einteilung in Gruppen muss die Anzahl der Trainees berücksichtigen (JBS).

von Menschen aller Altersstufen, sodass an dieser Stelle lediglich ein Ausschnitt der möglichen Klientel und ihrer Bedürfnisse im Umgang mit ihnen präsentiert werden kann.

Allgemein ist bei der Arbeit mit zu pflegenden Menschen die einzigartige Biografie jedes einzelnen Menschen. Mit ihr ist eine u. a. von ökonomischen und kulturellen Bedingungen geprägte individuelle Wahrnehmung von Alter, Gesundheit und Krankheit verbunden. Kultursensible Pflege gleicht deshalb individueller Pflege (Hellige, 2005, S. 21–22).

Bei der Klientelzusammensetzung kann von einem hochaltrigen und multimorbiden Teil ausgegangen werden. In Deutschland betrug die Gruppe der Hochaltrigen (80 + ) 2011 noch 4,4 Millionen Menschen, wobei bereits ein Drittel das 85. bis 90. und jeder Siebte mindestens das 90. Lebensalter erreichten (Amrhein und et. al. 2015, S. 10). Im Februar 2020 umfasste die Gruppe der Hochaltrigen (80 + ) 5,7 Millionen, was einem Anteil von 7,2 % an der Gesamtbevölkerung entspricht (BMG, 2020, S. 16).

Krankheiten nehmen mit dem Alter an Häufigkeit und Dauer zu (Kohls, 2012, S. 21). Verbreitet ist Multimorbidität, d. h. das gleichzeitige Betroffensein von mehreren Krankheiten verbunden mit einem hohen Grad an Behandlungskomplexität (Amrhein/Heusinger/Ottovay, 2015, S. 63). Mit zunehmendem Alter steigt ebenfalls das Risiko von Pflegebedürftigkeit[17]. Sind im Alter zwischen 75 bis 79 Jahren jeder Zehnte pflegebedürftig, sind es jeder Fünfte zwischen 80 und 85 Jahren. Ab 90 Jahren steigt der Anteil Pflegebedürftiger auf zwei Drittel, wovon ca. 50 % stationär im Heim versorgt werden (Destatis, 2016, S. 8). Infolgedessen werden Pflegeeinrichtungen mehr medizinische Behandlungspflege erbringen und medizinische Einrichtungen eine wachsende Anzahl älterer und hochaltriger Menschen versorgen (BMBF, 2015, S. 88).

Mit dem Alter gehen vermutlich unterschiedliche Vorstellungen von Pflegehandlungen einhergehen. Diese werden durch unterschiedliche historische Kontexte beeinflusst (Vogelsang/Barth-Gillhaus, 2018, S. 17) und sind entsprechend im Pflegeprozess zu berücksichtigen.

Der Trend des demografischen Wandels findet gleichermaßen in der Gruppe von Menschen mit Migrationshintergrund statt (BAMF/BMI, 2018, S. 221). Im Jahr 2005 betrug die Gesamtzahl an über 65jährigen rund 1,1 Millionen und erhöhte sich auf rund 2,0 Millionen im Jahr 2018. Entsprechend stieg der Anteil der Personen mit Migrationshintergrund von 7,9 % auf 9,6 % (ebd.). Dieser

---

[17] Liegt die Pflegewahrscheinlichkeit bei allen unter 60jährigen nur bei 1,3 %, so steigt sie zwischen 60 und 80 Jahren auf 7,0 % und bei über 80 + auf 37,1 % (BMG, 2020, S. 16).

nimmt bis 2030 voraussichtlich auf 24 % zu (Tezcan-Güntekin/Razum, 2015, S. 1564), denn die Rückkehr der ehemaligen Gastarbeiter in die alte Heimat wird von der bisherigen Literatur vorsichtig bezweifelt (Baykara-Krumme/Motel-Klingebiel/Schimany, 2012, S. 17). Damit ist die Gruppe der älteren Migranten der am stärksten zunehmende Bevölkerungsanteil (Hellige, 2005, S. 21 f.).

Schätzungen zufolge hatten 2014 ca. 8,2 % aller Pflegebedürftigen einen Migrationshintergrund (Tezcan-Güntekin/Razum, 2015, S. 1564). 2004 stammte jeder vierte Pflege-Bewohner aus einer nach 1945 zugewanderten osteuropäischen Familie. Die Tendenzen sind steigend. Zum einen, weil der Anteil von in Einpersonenhaushalten lebenden Migranten 2002 bei den über 60jährigen 22 % über dem Anteil der Deutschen mit 17 % lag und in höheren Altersklassen zunimmt (Hellige, 2005, S. 21 f.). Zudem sinkt die Pflegekompensation seitens der Familie (Budde, 15.06.2018, S. 12). Die zweite Generation von Menschen mit Migrationshintergrund leben ausbildungs- und arbeitsmarktbedingt räumlich eher getrennt vom Elternhaushalt, sodass die sozialromantische Vorstellung elterlicher Pflege immer seltener realisierbar scheint (Stagge, 2016, S. 63). Zum anderen, weil im Vergleich zu Nicht-Migranten die beruflich körperliche Belastung von Migranten stark belastend war. Hinzu kommt eine geringere Inanspruchnahme medizinischer Rehabilitationsleistungen, was zum Teil zu einer erhöhten Frühberentungsquote führt (Kohls, 2012, S. 22 ff.).

Bei der pflegerischen Versorgung von Migranten bestehen besondere Herausforderungen. Beeinflussende Faktoren sind häufig Sprach- und Kommunikationsschwierigkeiten zwischen Pflegepersonal und zu Pflegenden. Vor allem mit dem Blick auf demenzielle Erkrankungen, durch die im Lebenslauf erlernte Sprachen verloren gehen, besteht eine höhere Dringlichkeit von muttersprachlicher Versorgung. Hinzu kommen kulturell und religiös bedingte Unterschiede in den Pflegevorstellungen. Z.B. werden Beschwerden anders kommuniziert, der Zutritt zur Wohnung ohne Schuhe erwartet und die gleichgeschlechtliche Versorgung gewünscht. Hier sind Kenntnis und Akzeptanz der individuellen Privatsphäre die Voraussetzung einer guten Pflege (ebd., S. 35 ff.).

## 4.4 Auftraggeberinteressen

Unter dem Punkt von Leenens Ablaufdiagramm (Abschnitt 3.1) Klärung der Auftraggeberinteressen (Leenen, 2007, S. 779) werden für diese Trainingsentwicklung Auflagen des Gesetz- und Verordnungsgebers zusammengetragen, die mit den Neuerungen der Pflegeausbildung einhergehen. Sie geben die Rahmenbedingungen für das spätere Konzept vor (Strewe, 2010, S. 74 f.).

## 4.4.1 Rahmenlehrpläne als Grundlage dieses Trainings

Trainees werden im theoretischen Setting eines Trainings auf interkulturelle Interaktionen der Praxis vorbereitet, sodass sich die Konzeptionierung an den Vorgaben der Rahmenlehrpläne des theoretischen und praktischen Unterrichts orientieren wird. Sie sind neben den Rahmenausbildungsplänen für die praktische Ausbildung Teil der bundeseinheitlichen Rahmenpläne. Sie haben eine empfehlende Wirkung (Hundenborn/Ammende/Arens/et al., 2019), sollten jedoch als Grundlage für die von Pflegeschulen zu erstellenden schulinternen Curricula und für die von Betrieben zu erstellenden Ausbildungsplänen herangezogen werden (Arens, 2019). Die Rahmenpläne orientieren sich an pflegefachlichen und pflegepädagogischen Standards, was einen Beitrag zu einer qualitätsgesicherten pflegerischen Versorgung der Bevölkerung leistet (Hundenborn/Ammende/Arens/et al., 2019, S. 9). Nun ist eine bundeseinheitliche Inhaltsvermittlung möglich, ohne die Besonderheiten der verschiedenen Lernorte mit ihren je eigenen Lernmöglichkeiten zu vernachlässigen (ebd.).

## 4.4.2 Curriculare Einheiten der Rahmenlehrpläne

Die für diese Trainingsentwicklung ausschlaggebenden Rahmenlehrpläne (Abschnitt 4.4.1) beinhalten kompetenzorientierte und fächerübergreifende curriculare Einheiten, welche als konkrete Vorgaben zur Entwicklung schulinterner Curricula dienen. Die elf Einheiten der Rahmenlehrpläne sind durch steigernde Anforderungen in den Pflegesituationen des Ausbildungsverlaufs geprägt (ebd., S. 15). Sie spiegelt sich in der dem Titel der curricularen Einheit (CE) vorangestellten Nummerierung wider, die für die Einheiten 01–03 eine empfohlene und für die weiteren Einheiten eine flexible Reihenfolge darstellt (ebd., S. 23). Während sich die CE 04 bis 11 spiralförmig aufbauend über den ganzen Ausbildungszeitraum erstrecken (ebd., S. 15), beziehen sich die ersten drei CE ausschließlich auf das erste Ausbildungshalbjahr. Hier wird der Ausbildungssituation um den ersten Orientierungseinsatz der praktischen Ausbildung eine besondere Bedeutung zugesprochen. Daher wird der Ausbildungsbeginn als wichtige Übergangsphase für diese Trainings stärker in den Blick genommen, in der die Auszubildenden mit ihren ersten Erfahrungen im Fokus liegen. In diesen curricularen Einheiten sind vorbereitende und reflexive Auseinandersetzungen besonders relevant (ebd., S. 12), die in Trainings ermöglicht werden.

### 4.4.3 Curriculare Einheit 01 – Ausbildungsbeginn

Zur Würdigung der Ausbildungssituation um den ersten Einsatz der praktischen Ausbildung (ebd., S. 12) wird sich diese Trainingsentwicklung an der CE 01 Ausbildungsstart – Pflegefachfrau/Pflegefachmann werden orientieren. Damit ist dieses Training als eine erste Einheit einer möglichen Trainingsreihe anzusehen, welche die ganze Ausbildung begleiten kann.

Die CE 01 wird dem ersten Ausbildungshalbjahr zugeordnet und ist für 70 Unterrichtsstunden vorgesehen (ebd., S. 13). In dieser Einheit entspricht das Kompetenzniveau den situativen Anforderungen am Beispiel der Handlungsanlässe, bei denen die Klientel einen geringen Grad an Pflegebedürftigkeit[18] aufweist (ebd., S. 16). Hierdurch kann das Ankommen der Auszubildenden in der Pflegeausbildung im Mittelpunkt stehen. Dieser auf den Auszubildenden gelegte Fokus beim Ausbildungsstart ist bedeutsam für den gelingenden Ausbildungsverlauf (ebd., S. 32).

Die Anforderungen dieser Einheit sind den Intentionen und Relevanz sowie dem Bildungsziel zu entnehmen. Diesen nach sollen sich die Auszubildenden auf die individuelle Ausgestaltung ihrer Rolle als Auszubildende konzentrieren, was die Positionierung im Pflegeteam und die Aufgaben der professionellen Pflege umfasst. Dabei sollen sich die Auszubildenden eigene Potenziale bewusst machen und sie zum Pflegeberuf in Beziehung setzen. Zudem soll der Pflegeprozess als berufsspezifische Arbeitsmethode kennengelernt werden, wodurch Individualität und Autonomie der zu pflegenden Menschen sichergestellt wird. Dafür sind grundlegende Kompetenzen zur Kontaktaufnahme mit der Klientel zu erwerben und eigene Gefühle und Deutungen in der Beziehungsgestaltung wahrzunehmen. Hierfür kann der Perspektivwechsel zur Selbst- und Fremdwahrnehmung angebahnt werden.

Die Bildungsziele dieser Einheit, welche sich auf die Trainingsentwicklung auswirken, sind: die Reflexion der Auszubildenden in ihrer Rolle als Lernende und möglicher selbst- und fremdbestimmte Momente in der Ausbildung sowie die Sensibilisierung für Mitbestimmungsmöglichkeiten. Die Annäherung an ein berufliches Selbstverständnis professioneller Pflege orientiert sich hierbei

---

[18] Darunter fallen Personen, „die in der Mobilität und der Selbstversorgung überwiegend selbstständig sind" (Hundenborn/Ammende/Arens et al., 2019, S. 16). „Diese Festlegungen basieren auf der Definition von Pflegebedürftigkeit im Begutachtungsinstrument des MDS" (ebd.).

an zu pflegende Menschen und ihr Nahumfeld. Dabei sind widersprüchliche Anforderungen im Spannungsfeld von Fürsorge und Standardisierungen zu reflektieren.[19]

## 4.5    Berufsfeldspezifika

Als Berufsfeldspezifika werden in dieser Arbeit Besonderheiten der Pflegeausbildung verstanden, die für die Entwicklung eines schulinternen Curriculums zu berücksichtigen sind und bei denen es sich augenscheinlich um eine Besonderheit der neuen Pflegeausbildung handelt. Schulen können über ihre Erstellung schulinterner Curricula und der Auswahl von Schwerpunkten und Unterrichtsgestaltung frei verfügen. Jedoch sind bei ihrer Erstellung die didaktischen Grundsätze (Abschnitt 4.5.1) und zugrunde liegenden Konstruktionsprinzipien (Abschnitt 4.5.2) zu berücksichtigen, welche auch für die Entwicklung der Rahmenlehrpläne zu Grunde lagen (ebd., S. 28 f.). Daher werden im Folgenden die für diese Trainingsentwicklung maßgeblichen Rahmenbedingungen vorgestellt und mit den vorgegebenen Umsetzungshinweisen ergänzt.

---

[19] Die defizitäre Situation in bspw. der Altenpflege ist derzeit durch widersprüchliche Anforderungen gekennzeichnet. Einerseits sollen Pflegende bewohner- und patientenorientiert arbeiten und dabei eine ganzheitliche, empathische Perspektive einnehmen. Andererseits sollen sie effizient und nach standardisierten Ablaufplänen und Zeittakten arbeiten. Aufgrund von Ökonomisierungsprozessen im Gesundheitswesen werden überwiegend nur die sichtbar körperbezogenen Pflegeleistungen bezahlt. Dabei wird „Pflegekultur" auf „Körperbewirtschaftungszeit" (Hellige, 2005, S. 22) reduziert. Dies bedeutet, dass nach festgelegten Zeitkorridoren menschliche Bedürfnisse, wie Ausscheidung, Essen, Säubern abgearbeitet werden. Diese als *Primärzeit* definierte Zeit entstammt den Vorstellungen, dass die Versorgung des Körpers das wichtigste Bedürfnis darstelle. Es gehe dem Bedürfnis nach Leben voran. Somit würden sichtbare Pflegefehler, wie der Decubitus, skandaliert, während der „soziale Tod" als solches undefiniert bleibe. Solche Widersprüche führten zu Handlungsunsicherheiten bei Pflegenden. Vor allem nichtverstandene Verhaltensweisen von Migranten brächten solche Widersprüche ans Licht. Sprachbarrieren oder Scham störten die „alltägliche" körperbezogene Pflegearbeit, die stellenweise gleichgeschlechtliche Pflege, aus z. B. religiösen Gründen, erfordere (Hellige, 2005, S. 21–22).

## 4.5.1  Didaktisch-pädagogische Grundsätze

Der Fokus des Gesetz- und Verordnungsgebers liegt auf der Entwicklung des Lernenden und dessen lebenslange Lernentwicklung. Sie orientiert sich an berufspädagogischen Konzepten,[20] welche mit für die Pflege spezifischen Konzepten der Handlungsorientierung verknüpft sind. Dabei sollen in der Ausbildung „die Bereitschaft und Befähigung aufgebaut werden, die für ein professionelles Pflegehandeln in Pflegesituationen sowie [für eine] fachliche und persönliche Weiterentwicklung erforderlich sind" (ebd., S. 8). Dadurch entsteht ein umfassendes subjektorientiertes Bildungsverständnis.

Aufgrund des auf die Pflege ausgerichteten Situationsbezuges kommt dem exemplarischen Lernen und den dafür relevanten Lerngegenständen besondere Bedeutung zu. Diese werden in den curricularen Einheiten der Rahmenlehrpläne aufgegriffen und durch Lehrvorschläge vervollständigt (ebd., S. 8). Die CE 01 sieht als Anregungen für das Lernen in simulativen Lernumgebungen, z. B. Rollenspiele zur ersten Kontaktaufnahme zu fremden Menschen und zum Betreten eines Zimmers von zu Pflegenden, vor (ebd., S. 38). Die didaktisch-pädagogischen Grundsätze fließen in die bei der Konzeption mit zu berücksichtigen Konstruktionsprinzipien ein.

## 4.5.2  Konstruktionsprinzipien und Umsetzungshinweise

Als Grundlage zur Erstellung eines schulinternen Curriculums gibt der Gesetz- und Verordnungsgeber die Empfehlungen des Rahmenlehrplans vor (§ 6 Abs. 2 PflBG). Die sich aus den gesetzlichen Aussagen zum Berufsprofil und ihren zugrunde liegenden berufspädagogischen Konzepten ableitende Konstruktionsprinzipien gelten infolgedessen ebenfalls für diese Trainingsentwicklung. Es sind die vier zentralen Konstruktionsprinzipien mit Bezug auf die ausgewählte Einheit CE 01 vorzustellen, welche den Rahmen für die eigentliche Trainingsentwicklung (Kapitel 5) bilden.

### 4.5.2.1  Orientierung an den Kompetenzen der PflAPrV

Unter Einbezug eines subjektorientierten Bildungsverständnisses, der ein umfassendes Bildungsverständnis für die Bewältigung beruflicher Situationen beinhaltet, wird Kompetenz in der neuen Pflegeausbildung verstanden,

---

[20] Hundenborn und Kollegen gehen in diesem Fall nicht näher auf die berufspädagogischen Konzepte ein. Somit wissen wir leider nicht, welche Konzepte genau gemeint sind (JBS).

„als die Fähigkeit und Bereitschaft [, um] in komplexen Pflege- und Berufssituationen professionell zu handeln und sich für die persönliche und fachliche Weiterbildung einzusetzen. Kompetenz ist als Handlungsvoraussetzung des Einzelnen anzusehen, die nicht unmittelbar beobachtet werden kann, sich jedoch mittelbar im Handeln selbst zeigt. Das beobachtbare Handeln wird auch als Performanz bezeichnet. Erwerb und Weiterentwicklung von Kompetenz erfordern handlungsorientierte Lernprozesse an den verschiedenen Lernorten, in der Pflegeschule ebenso wie in der Pflegepraxis" (ebd., S. 10).

Die im Pflegegesetz festgelegten Kompetenzen werden in den Anlagen der Pflegeausbildungs- und Prüfungsverordnung (PflAPrV) konkretisiert. Hier wurden sie anforderungsorientiert formuliert und auf komplexe Pflege- und Berufssituationen ausgerichtet. Die CE 01 listet zwölf Kompetenzen auf, die mit Ausweisung der Code-Ziffern wörtlich aus der Anlage 1 der PflAPrV übernommen wurden. Sie ergeben für die erste Einheit einen Kompetenzbereich, der das Ankommen der Auszubildenden in der Pflegeausbildung in den Mittelpunkt stellt und der „ersten Orientierung hinsichtlich der persönlichen Gestaltung der Rolle als Auszubildende [...] dient" (ebd., S. 35). Das hier festgelegte Bildungsziel ist dem Ausbildungsstand angepasst und sieht u. a. die Reflektion der Auszubildenden in ihrer Rolle als Lernenden vor (ebd.). Dabei nähern sie sich einem an der Klientel orientierten beruflichen Selbstverständnis professioneller Pflege an (ebd., S. 10).

Kompetenzorientierte Hinweise zur Umsetzung werden in den Anregungen für das Lernen in simulativen Lernumgebungen gegeben. Dabei ist die jeweils adressierte Kompetenz auszuweisen. Die kompetenzbereichsintegrative Strukturierung der Rahmenlehrpläne sollte ebenfalls für die schulinternen Curricula gelten und die Stundenverteilung auf die Kompetenzbereiche sichergestellt sein (ebd., S. 28).

### 4.5.2.2   Pflegeprozessverantwortung und vorbehaltene Tätigkeit

Auf Grundlage § 5 Abs. 3 PflBG kommt dem selbstständigen Verantwortungs- und Aufgabenbereich eine besondere Bedeutung zu. Der Pflegeprozess ist dabei eine berufsspezifische und komplexe Methode, welche das berufliche Pflegehandeln in entsprechenden Situationen strukturiert. Hierbei sind die Phasen des Pflegeprozesses[21] als vorbehaltene Tätigkeiten unter einen besonderen gesetzlichen Schutz gestellt (§4 PflBG). Diese werden in den CE vor allem als

---

[21] Die Phasen den Pflegeprozesses sind: „Erhebung und Feststellung des individuellen Pflegebedarfs und der Planung der Pflege" (§ 4 Abs. 2 Nr. 1 PflBG), die „Organisation, Gestaltung und Steuerung des Pflegeprozesses" (§ 4 Abs. 2 Nr. 2 PflBG) und die „Analyse, Evaluation, Sicherung und Entwicklung der Qualität der Pflege" (§ 4 Abs. 2 Nr. 3 PflBG) (Hundenborn/Ammende/Arens/et al., 2019, S. 11).

Situationsmerkmal in den Handlungsmustern deutlich. (ebd., S. 11). In der CE 01 befindet sich die Pflegeprozessverantwortung auf niedrigschwelligem Niveau. Sie beschränkt sich auf die „Reflexion pflegerischer Vorerfahrungen und der Lernbiografie" (ebd., S. 38) und das Erkennen des „Pflegeprozess[es] als Problemlösungs- und Beziehungsprozess" (ebd., S. 38).

Voraussetzung für den Erwerb von Kompetenzen zur Ausübung vorbehaltener Tätigkeiten ist die Trennung der Pflege- von Berufssituationen. Dies ist bei der Gestaltung von Lernsituationen für den Unterricht zu berücksichtigen. Pflegesituationen beschränken sich in der CE 01 auf die Kontaktaufnahme mit zu pflegenden Menschen. Im Verständnis dieses Rahmens umfassen Berufssituationen hingegen das Ankommen in der Lerngruppe der Schule und im Team der Pflegepraxis am Ausbildungsbeginn (ebd., S. 28).

### 4.5.2.3 Orientierung an Situationen

Situationsbezogenes Lernen gleicht dem exemplarischen Lernen und erfordert die richtige Auswahl der Lerngegenstände. Hierbei tritt der Anspruch auf Vollständigkeit zugunsten einer tiefgründigen beispielhaften Auseinandersetzung in den Hintergrund. „Diese müssen allgemeine Prinzipien verdeutlichen, die Möglichkeiten fundamentaler Einsichten eröffnen und eine Übertragung des Gelernten auf andere Situationen ermöglichen" (ebd., S. 28 f.). Zur Entwicklung von konkreten Lernsituationen für schulinterne Curricula bilden die Inhalte/Situationsmerkmale die Grundlage. Durch Lernsituationen, als didaktisch reflektierte Handlungssituationen verstanden, entsteht ein enger Bezug zur Pflegepraxis. In diesen, den didaktischen Kommentaren (ebd., S. 28) zu entnehmenden Lernsituationen, sind die hierauf abgestimmten Kompetenzen zu vermitteln. Zu berücksichtigen sind neben Variationen von Altersstufen ebenfalls die unterschiedlichen sozialen und kulturellen Kontexte der zu pflegenden Menschen sowie deren Versorgungsbereiche. Hilfestellung bieten dafür die Anregungen für das Lernen in simulativen Lernumgebungen bzw. – für Lern- und Arbeitsaufgaben (ebd., S. 28). Auszuwählen sind solche Lernsituationen mit multidimensionalen Konfliktsituationen, deren nur teilweise rationale Bewältigung Abwägungsprozesse erfordern (ebd., S. 28 f.).

Neben diesem Situationsprinzip sind zwei weitere Prinzipien curricularer Strukturierung zu berücksichtigen (ebd., S. 13). Das Persönlichkeitsprinzip und das Wissenschaftsprinzip wurden auf der konkreten curricularen Ebene integriert.. Das Persönlichkeitsprinzip wird primär mittels der Kompetenzorientierung verfolgt. Zudem durch die in den Bildungszielen der curricularen Einheiten beschriebenen reflexiven Einsichten. Über umfassende (berufliche) Handlungskompetenzen hinausgehend zielen sie auf die kritische Persönlichkeits- und Identitätsentwicklung der Auszubildenden ab. Durch die Reflektion widersprüchlicher Anforderungen sollen faktisch vorliegende Widersprüche bewusst und eingeschliffene Sichtweisen hinterfragt oder weiterentwickelt werden (ebd., S. 28 f.). Dabei sind innere von institutionellen Widersprüchen und von Widersprüchen im pflegerischen Handeln zu unterscheiden (ebd.).

Wissenschaftliche Erkenntnisse zur Vertiefung von Gegenständen, Fragestellungen oder Methoden des Erkenntnisgewinns lassen sich dem Darlegungselement[22] Weitere Inhalte/Wissensgrundlagen entnehmen. Für die CE 01 wird ein kurzer Überblick über die Geschichte des Pflegeberufes und internationale Vergleiche empfohlen (ebd., S. 38).

### 4.5.2.4 Entwicklungslogik

Die schulintern entwickelten Lernsituationen haben die komplexer werdenden Kontexte aufzugreifen, in denen die beruflichen Fertigkeiten dem zunehmenden Anforderungsniveau entsprechen (ebd., S. 29). In der CE 01 stehen die Auszubildenden im Mittelpunkt, die sich im Übergangskontext der Pflegeausbildung, inkl. der Lerngruppe, der Kollegen und zu pflegenden Menschen aller Altersstufen befinden (ebd., S. 37). Analog zum zunehmenden Ausbildungsjahr steigen die situativen Anforderungen mit verstärkter Einbindung von systemischen Kontexten familiärerer, sozialer, kultureller und institutioneller Bezüge. Infolgedessen findet ein kontinuierlicher Aufbau der geforderten Kompetenzen statt (ebd., S. 16).

---

[22] Um dem Wissenschaftsprinzip in den curricularen Einheiten zu entsprechen, werden u. a. Theorien der Pflegewissenschaft und weiterer Wissenschaften weitestgehend den Situationsmerkmalen als Darlegungselemente für die Inhalte zugeordnet. Sie haben eine handlungs- und reflexionsleitende Funktion (Hundenborn/Ammende/Arens/et al., 2019, S. 14).

# Konzeptionierungsschritt 2: Programmentwicklung

**5**

In der Programmentwicklung findet laut Leenen (Abschnitt 3.1) die eigentliche Konzeptionierung statt (Leenen, 2007, S. 780). Hierin werden Trainingsziele, -inhalte und sich daraus ableitende Übungen konkretisiert. Sie orientiert sich an der analytischen Vorphase (Götz/Bleher, 2010), in der die Rahmenbedingungen für das Training herausgearbeitet wurden (Kapitel 4). Modifikationen in diesem Schritt betreffen das Auslassen der Punkte Einschätzung der Ressourcen und Widerstände und Geplanter Verlauf des Lernprozesses, welche das ursprüngliche Ablaufdiagramm vorsieht. Ersteres blieb aufgrund der rein hypothetischen Einschätzungen der Traineepotenziale (Abschnitt 4.2) und offenbar fehlenden wissenschaftlichen Erkenntnissen hierzu aus und letzteres ergibt sich implizit durch die Darstellung der Übungsreihenfolge im Trainingsdesign (Abschnitt 5.3.2).

## 5.1 Konkretisierung der Trainingsziele

Interkulturelle Kompetenz ist in den folgenden Schritten auf einen Lernzielschwerpunkt einzugrenzen. Verstanden als ein Bündel aus Fähigkeiten (Leenen, 2007, 2007, S. 776), entwickelt sich interkulturelle Kompetenz sukzessiv (Bennett, 2018) im gesamten (Aus-)Bildungsverlauf (Becker, 2007, S. 59). Hieran orientiert sich in einem weiteren Schritt die Auswahl der Kompetenzen aus der CE 01, mittels derer das festgelegte Trainingsziel erreicht werden soll. Damit wird

**Ergänzende Information** Die elektronische Version dieses Kapitels enthält Zusatzmaterial, auf das über folgenden Link zugegriffen werden kann https://doi.org/10.1007/978-3-658-40419-2_5.

© Der/die Autor(en), exklusiv lizenziert an Springer Fachmedien Wiesbaden GmbH, ein Teil von Springer Nature 2022
J. Böcek-Schleking, *Interkulturelle Trainings – Eine exemplarische Konzeptentwicklung für die neue Pflegeausbildung*,
https://doi.org/10.1007/978-3-658-40419-2_5

Bezug genommen am Konzeptionierungsschritt Orientierung an Kompetenzen (Abschnitt 4.5.2.1). Erst durch die Eingrenzung erhält der Lerngegenstand interkulturelle Kompetenz eine Tiefenstruktur im Sinne Holzkamps (Abschnitt 3.6), wenn sich an späterer Stelle die inhaltliche Eingrenzung anfügt (Straub, 2010, S. 77).

### 5.1.1   Zielschwerpunkt: interkulturelle Selbstkompetenz

Für diese Konzeption sind die Vorgaben der CE 01 (Abschnitt 4.4.3) ausschlaggebend. Hierin liegt gemäß der Intentionen und Relevanz der Fokus auf die Auszubildenden beim Ankommen in der Pflegeausbildung. Dabei ist die Reflexion in Bezug auf die persönliche Gestaltung der Rolle als Auszubildende einschließlich ihrer Positionierung im Pflegeteam zu forcieren (Hundenborn/Ammende/Arens/et al., 2019, S. 35).

Mit diesem Fokus auf das Selbst wird für diese Trainingseinheit die interkulturelle Teilkompetenz Selbstkompetenz (Abschnitt 3.5.2) als Zielschwerpunkt festgelegt.[1] Hier wird interkulturelle Selbstkompetenz[2] als eine Basiskompetenz für die Entwicklung professioneller Handlungskompetenz angesehen (Haack, 2018, S. 15), auf die weitere Teilkompetenzen, wie Beziehungskompetenz oder fachliche Kompetenz aufbauen (ebd., S. 16). Sie ist eine subjektorientierte Schlüsselqualifikation im Umgang mit sich selbst (ebd., S. 11), wodurch sich dieses Verständnis im subjektorientierten Ansatz der CE 01 widerspiegelt. Die Vermittlung einer solchen Basiskompetenz entspricht dem Konstruktionsprinzip Entwicklungslogik (Abschnitt 4.5.2.4), welche einen spiralförmigen Kompetenzaufbau in der Ausbildung vorsieht (Hundenborn/Ammende/Arens/et al., 2019, S. 22).

---

[1] Bolten zufolge ist interkulturelle Kompetenz ein „synergetisches Produkt des permanenten Wechselspiels der [kognitiv, affektiv und konativen] Teilkompetenzen" (Bolten, 2007, S. 24). Er setzt den Begriff interkulturelle Kompetenz mit dem lerntheoretischen Verständnis von Handlungskompetenz gleich, welches das Resultat des Zusammenwirkens von Personalbzw. Selbstkompetenz, Sozialkompetenz, Fachkompetenz und Methodenkompetenz darstellt (ebd., S. 24).

[2] Sebastian Lerch unterscheidet bei der Beschreibung von Selbstkompetenz zum einen Selbstkompetenz als holistisches Modell. Hier wird Selbstkompetenz im Sinne „einer ganzheitlichen Verhaltensdisposition" (Lerch, 2016, S. 39) im Singular beschrieben. Zum anderen kann Selbstkompetenz im Plural beschrieben werden. Hier bildet ein kumulatives Modell die Grundlage. Darunter fallen Auflistungen einzelner situationsgebundener Kompetenzen (ebd.), wie bspw. Einsatzbereitschaft, Flexibilität, Selbstständigkeit, etc. (ebd., S. 136, 138).

Mit Howard Gardner kann für diese Arbeit Selbstkompetenz als intrapersonale Intelligenz definiert werden. Also als die „Fähigkeit, sich selbst zu verstehen, ein lebensgerechtes Bild der eigenen Persönlichkeit – mitsamt ihren Wünschen, Ängsten und Fähigkeiten – zu entwickeln und dieses Wissen im Alltag zu nutzen" (Gardner, 2002, zit. nach Haack, 2018, S. 15).[3] Dies umfasst ebenfalls negative „Affekte, Emotionen und Motive des Individuums" (Haack, 2018, S. 15). Damit wird die Kenntnis „von und der Umgang mit eigenen Ängsten und Unsicherheiten, Schwächen und Defiziten [sowie] die Klärung von Werten […] und das Verständnis von sozialen Rollen" (ebd., S. 11) für die berufliche Identität relevant. Kultur, als ein Orientierungssystem für die Entwicklung eigenes Verhaltens, ist dabei in den verschiedenen Kontextfacetten unbewusst verankert und muss bewusst werden (Abschnitt 3.3) (Vogelsang/Barth-Gillhaus, 2018, S. 2). Deutlich wird hierbei die geforderte kritische Persönlichkeits- und Identitätsentwicklung (Hundenborn/Ammende/Arens/et al., 2019, S. 19), die infolge diesen Selbstkompetenzverständnisses nach primär auf der affektiven Ebene (Abschnitt 3.5.1) interkultureller Kompetenz stattfinden soll. Dabei werden die kognitive und konative Ebene nicht gänzlich ausgeschlossen, da sich die Ebenen gegenseitig bedingen. Damit versteht sich dieses Training als eine erste Sensibilisierungseinheit, auf die sich weitere aufbauend anschließen können. Die Persönlichkeits- und Identitätsentwicklung ist für die gesamte Lebensgestaltung bedeutsam (Lerch, 2016, S. 34). Denn „erst konsequente und systematische Arbeit an uns selbst macht uns fit für Anforderungen, fit für unser Leben" (Eberspächer, 2009, S. 6, zit. nach Lerch, 2016, S. 34).

## 5.1.2 Konkretisierung der Lernziele der CE 01

Gemäß dem Konstruktionsprinzip Orientierung an Kompetenzen (Abschnitt 4.3.2.1) orientiert sich diese Trainingsentwicklung an den Kompetenzen der CE 01 (Abschnitt 4.4.3). Hieraus wurden die Kompetenzen ausgewählt, welche sich als Teil interkultureller Selbstkompetenz interpretieren lassen. Auszubildende:

---

[3] Obwohl Gardners Theorie der Multiplen Intelligenz umstritten ist und empirisch nicht ausreichend validiert werden konnte, geht es Haack zufolge „darum, den Wert von bspw. sozialer Kompetenz oder künstlerischer Begabung für die Gesellschaft anzuerkennen (Haack, 2018, S. 15).

- reflektieren den Einfluss der unterschiedlichen ambulanten und stationären Versorgungskontexte auf die Pflegeprozessgestaltung (I.1.h)[4],
- respektieren Menschenrechte, Ethikkodizes sowie religiöse, kulturelle, ethnische und andere Gewohnheiten von zu pflegenden Menschen in unterschiedlichen Lebensphasen (II.3.a),
- erkennen das Prinzip der Autonomie (Willensfreiheit, Selbstständigkeit) der zu pflegenden Person als eines von mehreren konkurrierenden ethischen Prinzipien und unterstützen zu pflegende Menschen bei der selbstbestimmten Lebensgestaltung (II 3.b.),
- beteiligen sich an Teamentwicklungsprozessen und gehen im Team wertschätzend miteinander um (III.1.e),
- bewerten das lebenslange Lernen als ein Element der persönlichen und beruflichen Weiterentwicklung, übernehmen Eigeninitiative und Verantwortung für das eigene Lernen und nutzen hierfür auch moderne Informations- und Kommunikationstechnologien (V.2.a),
- gehen selbstfürsorglich mit sich um und tragen zur eigenen Gesunderhaltung bei, nehmen Unterstützungsangebote wahr oder fordern diese am jeweiligen Lernort ein (V.2.c),
- reflektieren ihre persönliche Entwicklung als professionell Pflegende (V.2.e).

Diese Kompetenzen stellen als Grobziele das Kompetenzergebnis des gesamten ersten Ausbildungsdrittels dar, welche erst „im Prozess ganzheitlicher Arbeit sichtbar werden" (Becker, 2007, S. 59). Zu einem späteren Zeitpunkt (Abschnitt 5.3.2) sind sie als Feinziele[5] für die Trainingseinheit umzuformulieren (Velica, 2010, S. 14).

---

[4] Die Angaben in Klammern geben die Referenznummer in den Anlagen der Ausbildungs- und Prüfungsordnung an. Hierin werden die in der Ausbildung zu vermittelnden Kompetenzen konkretisiert. Auf sie ist Bezug zu nehmen bei der Entwicklung schulinterner Curricula (JBS).

[5] Lernziele können unter dem Aspekt des Abstraktionsgrades unterschieden werden. Grobziele haben einen mittleren Grad an Eindeutigkeit und erscheinen im Lehrplan. Sie werden handlungsnah formuliert, lassen aber Bewertungskriterien offen, wann diese erreicht wurden. Demgegenüber stellen Feinziele präzise Lernzielformulierungen dar und sind sequenzbezogen. Sie erscheinen im Lektionsplan, denn sie sind auf den jeweiligen Unterricht einzelner Klassen bezogen. Sie geben eine genaue Beschreibung der gewünschten Veränderung an, weshalb sie auch operationalisierte Lernziele genannt werden (Velica, 2010, S. 14 f.).

## 5.2  Konkretisierung der Trainingsinhalte

Es stellt sich nun die Frage nach den geeigneten Inhalten, die im Verwendungszusammenhang zur Erreichung der festgelegten Trainings- bzw. Lernziele beitragen. Handelt es sich beim Training um einen Teil einer möglichen Programmreihe, sollte jede Trainingseinheit einen eigenen Schwerpunkt aufweisen (Leenen, 2007, S. 775). Dies verleiht ihr in Holzkamps Sinne Struktur und Tiefe (Straub, 2010, S. 79). Die Rahmungen seitens des Auftraggebers geben bereits Themenmöglichkeiten vor (Strewe, 2010, S. 81). So ist aus diesen ein angemessener Schwerpunkt auszuwählen, aus dem sich die inhaltlichen Ausrichtungen nach Cushner und Brislin bzw. Gudykunst und Hammer (Abschnitt 2.3.2) ableiten lassen. Im Anschluss daran sind geeignete Trainingstechniken festzulegen, mittels derer die inhaltliche Ausrichtung erreicht werden kann.

### 5.2.1  Themenschwerpunkt: Der erste Eindruck

Entsprechend der Handlungsanlässe der CE 01 (Abschnitt 4.4.3), in denen u. a. das Ankommen in der Lerngruppe, das Ankommen im Team sowie die Kontaktaufnahme mit zu pflegenden Menschen anzuvisieren ist und entsprechend der anfänglichen Entwicklungslogik (Abschnitt 4.5.2.4) für diese Trainingseinheit beschränkt sich diese auf die ersten Kontakte der Auszubildenden. Hieraus lässt sich der Themenschwerpunkt Der erste Eindruck ableiten. Der erste Eindruck, verstanden als eine automatische Kategorisierung von Menschen, teilt die Mitmenschen in Gruppen ein. Dieser Urinstinkt[6] kategorisiert unbewusst aufgenommene Informationen in gut oder schlecht und konstruiert dadurch eine Realität. Durch wenige Eindrücke, wie Aussehen, Körperhaltung, Stimme oder Gerüche (Vogelsang/Barth-Gillhaus, 2018, 28, 30), entsteht ein komplexes Gesamtbild des Gegenübers (Stanjek/Beeken, 2005, S. 54). Auf das unbewusst Wahrgenommene folgt eine instinktive Reaktion, das Bauchgefühl (Vogelsang/Barth-Gillhaus, 2018, S. 31 f.). Sie braucht zur endgültigen Entscheidung, ob eine Person anziehend oder abstoßend ist, max. vier Minuten. Der erste

---

[6] Wissenschaftler der Hirnforschung schätzen diesen Automatismus, welcher dem blitzschnellen Erkennen von Gefahren und von potenziellen Partnern zur Arterhaltung diente, auf älter als 50.000 Jahre. Dabei braucht das Gehirn max. 230 ms für einen richtig-falsch Eindruck. Hierbei wirken unbewusst von außen über die Sinnesorgane aufgenommene Reize auf das Limbische System (Vogelsang/Barth-Gillhaus, 2018, S. 25 ff.).

Eindruck entsteht demgemäß durch die erhöhte Aufmerksamkeit bei der Kontaktaufnahme, der sog. „Primacy-Effekt" (ebd., S. 34), der sich mit zunehmender Lebenserfahrung kontinuierlich verfeinert (Spies, 2010, S. 37).

Die kulturelle Sozialisation beeinflusst dabei die Wahrnehmung. Denn Kultur als Orientierungssystem einer Gesellschaft prägt die emotionale Bewertung. Mittels dieses sozialen Wahrnehmungsfilters prüft jeder Mensch die Angemessenheit von Dingen, wie Familie, Probleme oder Verhalten (Vogelsang/Barth-Gillhaus, 2018, S. 3). Ebenso ist das eigene Verhalten vom Kulturkreis, aus dem man stammt, geprägt. Er ist die Basis für die Art und Weise des eigenen Auftretens, worunter die Sprachnutzung, die Kleidung oder die Behandlung anderer verstanden wird (ebd., S. 2). Dabei beeinflusst die eigene Selbsteinschätzung den ersten Eindruck anderer (ebd., S. 39). Die authentische innere Haltung bestimmt die Körpersprache, auf die andere Menschen im täglichen Umgang miteinander reagieren (Spies, 2010, S. 37). Somit ist Selbsterkenntnis, als ein Schritt zur Selbstkompetenz (Abschnitt 5.1.1), gefordert, um beim ersten Eindruck erfolgreich agieren zu können. Sind eigene Stärken und Schwächen bekannt, ist der Umgang mit schwierigen Situationen möglich. Dafür ist stetiges Hinterfragen und Entwickeln der eignen Persönlichkeit notwendig. Begabungen und unentdeckte Möglichkeiten können erkannt werden (Ahrens/Ahrens, 2014, S. 3).

Infolgedessen wird dieses Training als eine erste Sensibilisierungseinheit verstanden und dementsprechend unter dem Aspekt Kulturbewusstheit nach Cushner und Brislin (Abschnitt 2.3.2) geplant. Hier liegt der Fokus insbesondere auf der Bewusstwerdung der eigenen Kultur, „ihrer Differenz zu anderen [...] und der Effekte, die sie in der Interaktion unter verschiedenen Randbedingungen auslöst" (Leenen, 2007, S. 777). Dies entspricht dem vorgegebenen Handlungsmuster der CE 01, welches u. a. eine „Einführung in die Beziehungsgestaltung" (Hundenborn/Ammende/Arens/et al., 2019, S. 38) vorsieht. Der klassischen Unterscheidung Gudykunst und Hammer (Abschnitt 2.3.2) folgend ist dieses Training kulturübergreifend ausgerichtet aufgrund der angenommenen kulturellen Vielfalt der Zielgruppe und ihrer Klientel (Abschnitt 4.4; 4.5).

## 5.2.2   Trainingstechnik und Trainingsart

Abgeleitet aus der inhaltlichen Festlegung, kulturübergreifend kulturbewusst mit dem Themenschwerpunkt der erste Eindruck (Abschnitt 5.2.1), wird in diesem Training Erfahrungslernen forciert. Zur Erlangung von Selbsterkenntnis über die kulturbedingten Handlungsmuster, müssen eigene Stärken und Schwächen erkannt werden. Diese sind zur aktiven Gestaltung des ersten Eindrucks notwendig (Abschnitt 5.2.1). Die Lernprozesse von Trainees können durch entsprechende Erfahrungsmöglichkeiten unterstützt werden (Krummrich/Maul-Krummrich, 2010, S. 102). Dabei ist die Reflektion der eigenen Werte und Bedürfnisse ein erster Ansatz zur Vorbereitung auf die bedarfs- und bedürfnisorientierte Versorgung (Tezcan-Güntekin/Razum, 2015, S. 1564) und damit auf die kultursensible Pflege (Hellige, 2005, S. 21 f.). Mittels interaktionsorientierter Übungen, in denen erste Erfahrungen mit den erwartbaren Praxisschwierigkeiten gesammelt werden, sollen die Trainees neues Wissen durch eigene Erfahrungen erhalten (Röll, 2010, S. 6). Dies kann im Sinne expansiven Lernens (Abschnitt 3.6) den Lernhorizont erweitern (Straub, 2010, 38, 43).

Ebenfalls ist eine didaktische Inhaltsvermittlung notwendig. Anhand von Prüfungen werden die in der Ausbildung erworbenen Kenntnisse erfasst, sodass im Training zumindest kulturrelevante Begriffe, ohne deren direkte Anwendung, zu lehren sind. Zusammenfassend wird dieses Training primär erfahrungsbasiert kulturübergreifend auszurichten sein, wobei didaktische Anteile diese ergänzen.

## 5.3 Konkretisierung der Übungen

Die Auswahl geeigneter Übungen verhilft dazu, die ausgewählten Inhalte zu transportieren, festgelegte Lernziele zu erreichen und den Trainees einen höheren Kenntnisstand zu ermöglichen (Strewe, 2010, S. 81). Dabei ist laut Leenen zu berücksichtigen, dass jeder Methode eine eigene Wirkung zugesprochen wird. Das Potential zur Erreichung der festgelegten Trainingsziele ergibt sich dabei aus dem Kontext u. a. der Platzierung und Dauer der Methode im Trainingsablauf (Leenen, 2007, S. 780). Infolgedessen sind zunächst eigene Konstruktionsprinzipien im Sinne von Qualitätskriterien festzulegen, anhand derer sich das anschließende Trainingsdesign (Abschnitt 5.3.2) orientieren wird.

### 5.3.1 Konstruktionsprinzipien der Übungen

Die Übungen entfalten ihr Potenzial zur Erreichung der festgelegten Trainingsziele mit Hilfe der sog. inneren Trainingsqualität. Hierfür sei Scholz zufolge die Entwicklung geeigneter Qualitätskriterien für die lernspezifischen Bedürfnisse und Interessen ratsam (Scholz/DIN e. V., 2016, S. 17). Dementsprechend werden in Anlehnung an Scholz Didaktikqualität (Abschnitt 3.2) die Konstruktionsprinzipien festgelegt, durch welche eine innere Trainingsqualität gegeben sein soll (ebd., S. 14).

- Der vorzustellende Übungsablauf ist durch eine sich anschließende Trainings-feinplanung mit Angaben von Zeit, Raumausstattung, etc. zu ergänzen.
- Das Training ist eine erste kultursensibilisierende Einheit. Es ist daher über zwei Unterrichtstage á 8 Stunden zu planen, womit genügend Zeit für tiefergehende Diskussionen gegeben ist.
- Das Training soll aus mehreren Bausteinen bestehen, die thematisch aufein-ander aufbauen. Damit werden die Teilnehmenden schrittweise ins Thema eingeführt. Die Aneignung neuer Fertigkeiten oder die Vorbereitung hierzu erfolgt dadurch fließend (ebd., S. 16).
- In den Bausteinen ist die im Konstruktionsprinzip „Pflegeprozessverantwor-tung und vorbehaltene Tätigkeit" geforderte Trennung von Pflege- und Berufs-situationen zu berücksichtigen. Hierfür sind Berufssituationen in Lerngruppen oder im Team explizit zu machen.
- Weiterhin sind in den Bausteinen die angestrebten Kompetenzen der CE 01 auszuweisen, aus denen sich die Feinziele für diesen Baustein ergeben. Die Übungen sollen die hieraus abgeleiteten Teilziele enthalten.
- Die Bausteine sollen aus weiteren Teilelementen bestehen, zusammengesetzt aus passiven und aktiven Methoden. Damit werden verschiedene Ebenen inter-kulturellen Lernens angeregt und verschiedene Lerntypen angesprochen (ebd., S. 17).
- Den Bausteinen und Teilelementen sind Grundideen und theoretische Ele-mente zugrunde zu legen, welche die jeweiligen Intentionen und erhoff-ten Wirkweisen beschreiben. Dies verhilft der Aneignung der Logik der Beweisführung (ebd., S. 16) und entspricht dem wissenschaftlichen Anspruch des Konstruktionsprinzips Orientierung an Situationen (Hunden-born/Ammende/Arens/et al., 2019, S. 13).
- Die Teilelemente sollen die Teilziele ausweisen, welche zur Erreichung der Feinziele des jeweiligen Bausteines beitragen.
- Die Teilelemente sollen die angestrebte interkulturelle Lernebene herausstel-len, um die Wirkweise zu explizieren.
- In den Teilelementen ist die Trainingstechnik und die Trainingsart auszu-weisen, wodurch die jeweilige Einheit der Trainingsausrichtung zugeordnet wird.
- Die didaktisch orientierten Teilelemente haben Materialien zur Prüfungsvor-bereitung zu beinhalten, wodurch der Ausbildungsrahmen berücksichtigt wird (Scholz/DIN e. V., 2016, S. 16)
- Die erstellten Materialien sind in einer leichten Sprache zu verfassen, um eingewanderte Trainees zu berücksichtigen (Engelhard/Wappenschmidt-Krommus, 2015, S. 13).

- Bei der Formulierung der Fein- und Teilziele sind die Beschreibungen von beobachtbarem Verhalten zu berücksichtigen (Döring, 2010). Vor dem Hintergrund von zu absolvierenden Prüfungen ist so eine Verhaltensveränderung nach den Übungen ersichtlich und damit messbar (Hundenborn/Ammende/Arens/et al., 2019, S. 300; Velica, 2010, S. 20).
- Die Formulierung der Fein- und Teilziele sowie der Instruktionen hat den vorgegebenen Schwierigkeitsgrad der Ausbildung (Hundenborn/Ammende/Arens/et al., 2019, S. 37) und die sprachliche Heterogenität der Trainees (Habermann/Stagge, 2015, S. 11 f.) zu berücksichtigen (Meyer Junker, S. 2). Dabei sind die Feinziele nach den Taxonomien von Bloom et al. (1986) und von Krathwohl et al. (1975)[7] zu formulieren (Becker, 2007, S. 72 f.).
- Die Berücksichtigung von Inhalts-/Situationsmerkmalen der CE 01 innerhalb der Übungen (Hundenborn/Ammende/Arens/et al., 2019, 37 f.) gewährleistet die Auftraggeberinteressen und stimmt das Training auf die Berufsfeldspezifika ab (Scholz/DIN e.V., 2016, S. 16).
- Eine individuelle und kultursensible Pflege wird angestoßen, wenn die Gestaltung der Übungen ermöglicht, dass diese auch nach Absolvieren der Lerneinheit in den verschiedenen Pflegesettings mit der kulturell heterogenen Klientel anwendbar sind (ebd., S. 18).
- Die Übungen haben immer Instruktionen seitens des Trainers zu beinhalten. Mit diesen können die Trainees die Struktur und Schwierigkeiten der Übung erfassen und daraus ihre Lernhandlungen ableiten (ebd., S. 16).
- Die Trainingsmoderation berücksichtigt die verschiedenen Wertesysteme der Trainees, wodurch ihre Individualität und Verantwortung des eigenen Lernprozesses akzeptiert und die Kultur des Miteinanders unterstützt wird (ebd., S. 15).

---

[7] Krathwohls Taxonomie kategorisiert aufeinander aufbauende Lernziele im affektiven Bereich. Sie visieren Gefühle und Emotionen an. Dies gibt erste Anstöße für die Wahrnehmung und Deutung von Gefühlen, wie es die Intentionen der CE 01 vorsieht (Hundenborn/Ammende/Arens/et al., 2019, S. 35). Vorteile der Nutzung dieser Systematik ist eine bewusstere Unterrichtsplanung im Bereich des Umgangs mit Emotionen, was einer eher „abendländischen [Planungs-]Tradition" entspricht (Becker, 2007, S. 74). Zudem wirkt sich Krathwohls Ausrichtung auf die Meinungsbildung aus (Becker, 2007, S. 74). Dies unterstützt eine gewollte Positionierung der Auszubildenden in den unterschiedlichen Handlungsfeldern (Hundenborn/Ammende/Arens/et al., 2019, S. 35).

## 5.3.2  Trainingsdesign

Das nun folgende Trainingsdesign stellt den zweiten Baustein eines Zwei-Tages-Trainings vor, aus dem die Verbindung zu den ausgewählten Themenschwerpunkten deutlich wird. Dieser Baustein stellt ein Beispiel für das gesamte Trainingsdesign dar, welcher gänzlich im Anhang des elektronischen Zusatzmaterials zu finden ist.

Das Trainingsdesign ist Leenen zufolge ein Lernarrangement, in welchem die Trainingsinhalte und Trainingsmethoden, die spezifischen Programmziele sowie Programmbedingungen berücksichtigt werden (Leenen, 2007, S. 780).

Für die konkrete Auswahl einzelner Übungen werden wissenschaftliche und theoretische Erkenntnisse herangezogen. Dies verleiht dem Training sowohl eine innere Qualität im Sinne von Scholz als auch mehr Tiefe im Sinne Holzkamps. Infolgedessen wird ein besseres Grundlagenverständnis für die verwendeten Begriffe und Übungen erreicht (Mazziotta/Piper/Rohmann, 2016, S. 34).

Die Übungen werden Leenens Ablaufdiagramm folgend in eine inhaltlich gestufte und methodisch durchformte Abfolge gebracht. Diese hängt ab vom Lernbedarf, den Lernmöglichkeiten, den Lernpräferenzen der Trainees. Es macht für das Lernen und die aktive Teilnahme einen Unterschied, ob erst ein rein didaktisch orientierter Baustein erfolgt und dann ein reiner Übungsbaustein oder ob eine Mischung passiver oder aktiver Elemente in einem Baustein erfolgt. Dabei sind Qualitätsstandards des Designs zu beachten. Hierunter versteht Leenen die thematische Stringenz, die Passung zwischen Themen und Methoden, fließende Phasenübergänge sowie die Balance zwischen Herausforderung und Unterstützung der Trainees (Leenen, 2007, S. 781). Der systematische Übungsaufbau kann zum Erwerb neuer Fertigkeiten und zur Festigung und Weiterentwicklung dieser behilflich sein (Scholz/DIN e. V., 2016, S. 16).

# Trainingsfeinplanung 6

Die folgende Trainingsfeinplanung wird zur Vervollständigung des vorangehenden Trainingsdesigns (Abschnitt 5.3.2) vorgestellt. Es steht als Beispiel für die gesamte Trainingsfeinplanung, die der interessierte Leser im Anhang des elektronischen Zusatzmaterials findet.

Solche Planungsschemata für Trainings finden häufig Einsatz in Unterrichts- und Weiterbildungsprogrammen. Die hier vorzustellende Trainingsfeinplanung findet in Anlehnung an Bettina Strewe (2010) statt. Sie stellt ein Schema vor, welches aus der Fortbildung für Dozenten der Erwachsenenbildung zur Anwendung in Integrationskursen stammt. Es ist „logisch aufgebaut, sinnvoll detailliert und in der Erwachsenenbildung mit multikulturellen Zielgruppen über Jahre hin erprobt ist" (Strewe, 2010, S. 80). Bei der Trainingsfeinplanung wird das Trainingsdesign in ein minutiöses Planungsschema überführt. Dabei ist Strewe zufolge darauf zu achten, dass aus horizontaler und vertikaler Sicht „ein logischer, folgerichtiger Zusammenhang entsteht" (ebd., S. 80). Hierdurch kann der Trainer den gesamten Trainingsprozess und Aufeinanderfolge der Tätigkeiten und Übungen überblicken und das Prinzip der Planmäßigkeit und Systematik realisieren (Scholz/DIN e. V., 2016, S. 16). Der zeitliche Verlauf dieser Feinplanung richtet sich nach den Unterrichtszeiten, die aus der Pflegeschule Fachseminar bekannt sind, in welcher die Autorin als freie Dozentin tätig ist. Dabei werden Zeitpuffer vorgesehen für das Handling unbekannter Faktoren, wie sprachliche Exkurse, extra Pausen, etc. (Habermann/Stagge, 2015, S. 11 f.); (Engelhard/Wappenschmidt-Krommus, 2015, S. 13) (Tabelle 6.1).

© Der/die Autor(en), exklusiv lizenziert an Springer Fachmedien Wiesbaden GmbH, ein Teil von Springer Nature 2022
J. Böcek-Schleking, *Interkulturelle Trainings – Eine exemplarische Konzeptentwicklung für die neue Pflegeausbildung*,
https://doi.org/10.1007/978-3-658-40419-2_6

**Tabelle 6.1**   Feinplanung Baustein 2 „Der erste Eindruck"

| Bau-stein 2 | Thema: Der erste Eindruck | | Feinziel: | Die Trainees haben ihren Eindruck, den sie bei Anderen hinterlassen, kennengelernt. Darüber hinaus wurden elementare, psychologische Mechanismen, die auf den ersten Eindruck wirken, kennengelernt. Auch Grundlagen über den ersten Eindruck wurden erhalten, die sie zur Prüfungsvorbereitung nutzen können. Haben theoretische Erkenntnisse zur Reflexion eigener Wahrnehmungen genutzt. | | | | | |
|---|---|---|---|---|---|---|---|---|---|
| Teil Nr. | Lehr-form | Thema/Lerninhalt | Teilziel | (TR)Trainer-/Traineeaktivität (TN) | Sozial-form | Räumliche Bedingungen | Material | Vorbereitungen | Zeit/Dauer ohne Puffer | Uhrzeit ohne Puffer |
| Teil 1 | Übung | Gib mir deinen Rücken und ich sage dir alles | Die Trainees haben erfahren, wie sie auf andere wirken. Sie haben festgestellt, ob sie Vorurteile gegenüber anderen haben. Sie haben den ersten Eindruck von einer Person mit der Wirklichkeit verglichen. | Ausgabe<br><br>Flipchart + Stifte pro Person | Frontal | Freier Raum, Tisch und Stühle an der Seite | Flipcharts, Textmarker in gleicher Farbe in Anzahl der TN | | 2 min | 11:53 – 11:55 |
| | | | | Abspielen<br><br>Musik | | | Musik + Abspielmöglichkeit, Scheren, Tesafilm | | | |
| | | | | Instruktion<br><br>TR führt Gesagtes vor:<br>TN schneiden Loch am oberen Ende des jeweiligen Flipcharts<br>Schreiben Namen drauf<br>Gehen aufeinander zu<br>Jeder schreibt auf die jeweiligen Blätter SPONTAN eine Eigenschaft (Adjektive) auf das Blatt, von der er glaubt, dass diese auf den Inhaber des Flipcharts zutrifft<br>Weitergehen und weiterschreiben bis die Musik endet | Plenum | | | | 5 min | 12:00 |

(Fortsetzung)

**Tabelle 6.1** (Fortsetzung)

(Fortsetzung)

| Teil Nr. | Lehrform | Thema/Lerninhalt | Teilziel | (TR)Trainer-/Traineeaktivität (TN) | Sozialform | Räumliche Bedingungen | Material | Vorbereitungen | Zeit/Dauer ohne Puffer | Uhrzeit ohne Puffer |
|---|---|---|---|---|---|---|---|---|---|---|
| | | | | **Durchführung** HINWEIS: Einmalige Möglichkeit haben, seine Wirkung auf andere kennenzulernen und seine eigene Wahrnehmung kritisch zu hinterfragen | | | | | 10 min | 12:10 |
| | | | | **Platznehmen** Bis Musik stoppt Alle nehmen Platz | | Stuhlkreis | | | 1 min | - 12:11 |
| | | | | **Auswertung** Alle lesen sich ihre Einschätzungen durch Auswahl einer besonders irritierenden Eigenschaft | | | | | 7 min | - 12:18 |
| | | | | **Auflösung** TR fragt: Wie ist das Befinden? Welche Überraschungen gab es? Schein trägt? TR gibt Hinweis: Möglichkeit der Besprechung später | Frontal | Stuhlkreis | | | 5 min | - 12:23 |
| | | | | **Ergebnissicherung** Flipcharts im Raum aufhängen | | | | | 3 min | - 12:26 |
| **Teil 2** | Vortrag | Theoretische Grundlagen zum ersten Eindruck | Die Trainees haben Material zur Prüfungsvorbereitung erhalten. Sie haben theoretische Erkenntnisse über den ersten Eindruck gewonnen. | **Aufbau** Abspielmöglichkeiten | Frontal | PC-Tisch Halbstuhlkreis | Tagebuch, Kugelschreiber, Hardware mit Filmmaterial, Flipcharts, PC, Lautsprecher, Beamer, | Filmmaterial auf Datenträger sichern, Grundlagen-Information für TN ausdrucken, | 5 min | - 12:31 |

**Tabelle 6.1** (Fortsetzung)

| Teil Nr. | Lehr-form | Thema/Lerninhalt | Feinziel/Teilziel | (TR)Trainer-/Traineeaktivität | (TN) | Sozialform | Räumliche Bedingungen | Material | Vorbereitungen | Zeit/Dauer | Uhrzeit ohne Puffer |
|---|---|---|---|---|---|---|---|---|---|---|---|
| | | | | Instruktion | TN machen sich Notizen im TB während des Films | | | weiße Wand oder Leinwand | Grundlagen auf Flipchart übertragen | 1 min | - 12:32 |
| | | | | Präsentation | Doku: „Der erste Eindruck ohne zweite Chance" | | | | | 3:49 min | - 12:36 |
| | | | | Ausgabe | Handouts Grundlagen-Informationen 2-4 | | | | | 1 min | - 12:37 |
| | | | | Präsentation | Grundlagen-Informationen und Fragenklärung zum Verständnis | | | | | 10 min | - 12:47 |
| **Teil Nr.** | **Lehr-form** | **Thema/Lerninhalt** | **Feinziel/Teilziel** | **(TR)Trainer-/Traineeaktivität** | **(TN)** | **Sozialform** | **Räumliche Bedingungen** | **Material** | **Vorbereitungen** | **Zeit/Dauer** | **Uhrzeit ohne Puffer** |
| Teil 3 | Übung | „Erkenne dich selbst" | Die Trainees haben erfahren, wie schwierig es sein kann, seinen eigenen Eindruck zu hinterfragen. Somit sind sie für den Einfluss unterschiedlicher Wahrnehmungsfilter auf den Eindruck und für unterschiedliche Meinungen sensibilisiert. Unterschiedliche Möglichkeiten zur Meinungsreflektion wurden wahrgenommen. Es entwickelt sich ein positiveres Empfinden gegenüber Kollegen. Abschließend wurden Ideen zur Gesprächsführung erhalten. | Gruppeneinteilung | Vier gleiche Farben mittels Zufallsprinzips an Teilnehmer verteilen Gruppenmitglieder suchen | Gruppen bis zu 4 Personen | Leerer Raum | Flipcharts aus Teil 1, je vier Karteikarten in einer Farbe | | 3 min | - 12:50 |

(Fortsetzung)

**Tabelle 6.1**  (Fortsetzung)

(Fortsetzung)

| | | | | | 5 min / 30 min | |
|---|---|---|---|---|---|---|
| Instruktion | Im Wechsel: Benennen des Eindrucks, der am meisten irritierte Hatten alle den gleichen Eindruck? Gab es Unterschiede? Woher kam dieser / Woraus schlossen Sie darauf? Überlegung von Real-Informationen und Abgleich mit Eindruck Suche nach Gemeinsamkeiten und Reflektion dieser Notieren Sie Ihre Gedanken In eigenen Worten das Gehörte wiedergeben und hinterfragen | Frontal | Tagebuch, Stift, Tesafilm, Handouts Grundlagen-informationen 2-4 | „Rücken" aus vorheriger Übung an den Wänden aufhängen | 5 min | -12:55 |
| Puffer für sonstiges | | | | | | |
| PAUSE | | | | | | |
| Durchführung | Im Wechsel | Gruppen-arbeit | | | 40 min 10 min p.P. | 13:30 – |
| Platzneh-men | An Platz zurück kehren | Plenum | Stuhlkreis | | 2 min | 14:10 – 14:12 |
| Auswer-tung g | Jede Gruppe ein Fallbeispiel Welche Ursachen konnten ausgemacht werden? Gab es hart-facts? | | | | 20 min | – 14:32 – |

**Tabelle 6.1**  (Fortsetzung)

| | | | | | | |
|---|---|---|---|---|---|---|
| Resümee | Hinweise für Versuch der Relativierung des ersten Eindrucks<br>Nicht jeder einer Meinung<br>Jeder hat anderen Wahrnehmungsfilter<br>Wahrnehmungsfilter kulturbedingt<br>Räumliche Bedingungen rahmen die Wahrnehmung<br>Gemeinsamkeiten herauszuarbeiten fördert Beziehung | Frontal | | | 5 min | 14:37 |
| | Konnte ein Wahrnehmungsfilter ausgemacht werden?<br>Konnten Gemeinsamkeiten herausgefunden werden?<br>Konnten Gemeinsamkeiten zu geplanten Aktivitäten führen? | | | | | |

# Zusammenfassung 7

In dieser Arbeit wurde ein interkulturelles Training für den ersten theoretischen Ausbildungsabschnitt der neuen generalistischen Pflegeausbildung entwickelt. Das Training versteht sich als eine kultursensibilisierende Einheit. Sie kann als erster Teil einer möglichen umfangreichen Trainingsreihe angesehen werden, welche den gesamten kulturbezogenen Ausbildungsprozess begleitet. In dieser Trainingsreihe kann das vom Gesetzgeber vorgesehene Ausbildungsziel der interkulturellen Kompetenz vermittelt werden.

Da der Überblicksrecherche zufolge in der Pflegeausbildung seltener interkulturelle Trainings zu finden sind, waren zunächst in einem ersten Theorieteil informative Grundlagen zu interkulturellen Trainings vorzustellen. Kritikern zufolge fehlt es einigen Trainingskonzepten an theoretischen Grundlagen. Dies birgt das Risiko einer oberflächlichen Wissensvermittlung und einer damit einhergehenden emotionalen Überforderung der Trainees. Um dieser Kritik entgegenzuwirken, wurden in einem weiteren Theorieteil relevante Kulturbegriffe und -konzepte vorgestellt. So steht das hier verwendete mehrperspektivistische und prozessorientierte Kulturverständnis einem monoperspektivistischen gegenüber, welches noch heute in einigen Trainings vermittelt wird. Diesem Verständnis schließt sich das Interkulturverständnis an. Hiernach handeln Personen aus unterschiedlichen Kulturkreisen während ihres Beziehungsprozesses ein auf diesen abgestimmtes Kulturverständnis aus. Mittels dieser Grundlagen konnten im späteren Trainingsdesign Übungen entstehen, durch die Trainees in der Lage sind, für sich und ihren jeweiligen Handlungskontext ein eigenes Verständnis von Kultur zu entwickeln.

Das generelle Trainingsziel interkulturelle Kompetenz ist in einem einzigen Training nicht zu vermitteln. Das Bündel aus Fähigkeiten ist für die jeweilige Trainingseinheit einzugrenzen, wodurch diese mehr Tiefe erhält. Hierfür wurden das Strukturmodell und das Prozessmodell interkultureller Kompetenz herangezogen. Durch sie ergab sich ein besseres Verständnis für das Konstrukt

© Der/die Autor(en), exklusiv lizenziert an Springer Fachmedien Wiesbaden GmbH, ein Teil von Springer Nature 2022
J. Böcek-Schleking, *Interkulturelle Trainings – Eine exemplarische Konzeptentwicklung für die neue Pflegeausbildung*,
https://doi.org/10.1007/978-3-658-40419-2_7

interkulturelle Kompetenz, was eine spätere Eingrenzung ermöglichte. Um der Frage nachzugehen, was Trainees zum (interkulturellen) lernen motiviert, wurde die subjektorientierte Lerntheorie Holzkamps näher beleuchtet und auf das interkulturelle Lernen bezogen. Es kristallisierte sich heraus, dass Trainees am besten lernen, um einst selbst erlebte eingeschränkte Handlungsfähigkeiten zukünftig zu vermeiden. Zur Überwindung dieser Unfähigkeit, nehmen Trainees freiwillig Lernanstrengungen auf sich und wählen einen für sie relevanten Lerngegenstand aus dieser Erfahrung aus. Aus diesem Lernverständnis heraus ergaben sich für das spätere Trainingsdesign Übungen, die den Trainees die Relevanz des interkulturellen Lernens näherbringen, wodurch eine persönliche Intention zum Lernen entsteht. Durch den Einsatz verschiedener Übungsvarianten erhalten die Trainees die Möglichkeit, einen Lerngegenstand auszuwählen, mit dem sie sich individuell und in unterschiedlicher Intensität auseinandersetzen.

Dieses interkulturelle Training wurde für die neue Pflegeausbildung entwickelt. Aufgrund bisher fehlender Trainingspublikationen für diesen Bereich musste in einem ersten konzeptionellen Schritt, die analytische Vorphase, die neue generalistische Pflegeausbildung vorgestellt werden.

Um festzustellen, ob die neue Pflegeausbildung ein mögliches Einsatzgebiet für interkulturelle Training darstellt, waren die interkulturellen Aspekte der Pflegeausbildung herauszuarbeiten, die sich neuerdings inhaltlich und strukturell auswirken. So wurde zum einen im Pflegeberufegesetz das Ausbildungsziel interkulturelle Kompetenz explizit gemacht. Zum anderen werden durch neue Anerkennungsverfahren im Ausland erworbene Pflegekenntnisse im deutschen Pflegekontext anerkannt, wodurch mit einem Anstieg an Auszubildenden mit Migrationshintergrund zu rechnen ist. Hierdurch ließ sich ein genereller interkultureller Trainingsbedarf feststellen. Öffentlich zugängliche Informationen zeugten von einer kulturell heterogenen Zusammensetzung der möglichen Gruppe Auszubildender. Damit verbunden sind unterschiedliche Vorstellungen von Pflege- und Berufshandlungen, die in einem Training näher beleuchtet werden können. Ein weiterer Konzeptionsschritt betrachtete das kulturbezogene Pflegeverständnis der Klientel, mit welchem die künftigen Trainees zu rechnen haben. So kann zusammenfassend festgehalten werden, dass ein multikulturell zusammengesetztes Pflegeteam auf eine multikulturell zusammengesetzte Klientel treffen wird. Für die Trainees bedeutet dies eine Herausforderung insofern, als dass sie individuell und situativ mit kulturbedingten Unterschieden umgehen und gemeinsam mit den jeweiligen Kollegen und zu Pflegenden ein angemessenes Berufs- und Pflegesetting aushandeln müssen.

Dieses Bewusstsein beeinflusste zum einen die generelle inhaltliche Trainingsausrichtung, welche der Zielgruppen- und Klientelanalyse zufolge kulturübergreifende Inhalte zu vermitteln hat. Zum anderen schlug sich die Zusammensetzung
in der Auswahl der Übungen nieder.

Für die Entwicklung des eigentlichen Trainingsdesigns, welche eine logische
Abfolge von Übungen darstellt, gibt der Gesetzgeber ebenfalls Bedingungen vor.
Sie ließen sich in den Rahmenlehrplänen und diesen zugrunde liegenden Konstruktionsprinzipien finden. Die curricularen Einheiten (CE) der Rahmenlehrpläne
sollen dem Konstruktionsprinzip Entwicklungslogik folgend die Grundlage für
die Trainingsentwicklung bilden. Für dieses Training wurde die CE 01 ausgewählt. Sie bildet einen der ersten theoretischen Ausbildungsabschnitte, welche
auf den ersten praktischen Orientierungseinsatz vorbereitet. In ihm kommen vorbereitende und reflexive Auseinandersetzungen eine besondere Bedeutung zu.
Hierin werden die Ausgestaltung der Rolle als Auszubildender und die eigene
Positionierung im Pflegeteam beleuchtet, wodurch der Übergang von der Schule
in den Beruf besonders relevant für einen gelingenden Ausbildungsverlauf wird.
In der CE 01 werden gemäß dem Konstruktionsprinzip Orientierung an Kompetenzen die zu vermittelnden Kompetenzen aufgeführt, die aus den Anlagen der
Ausbildungs- und Prüfungsverordnung wörtlich übernommen wurden. Sie geben
dieser Trainingseinheit die Zielorientierung vor und wurden für die Entwicklung
der einzelnen Trainingsabschnitte, der sogenannten Bausteine, berücksichtigt.
Ebenfalls wurde dem Konstruktionsprinzip Orientierung an Situationen folgend
in den Übungen die Trennung von Berufs- und Pflegesituationen berücksichtigt.
So bezieht sich eine Übung konkret auf den Klassenkontext, während andere
Übungen eine allgemeine Handlungsfähigkeit anvisieren.

Aus den vorgegebenen Handlungsanlässen der CE 01 ließ sich im zweiten
Konzeptionsschritt, die Programmentwicklung, das Trainingsthema „Der erste
Eindruck" generieren. Er entsteht in nur wenigen Augenblicken durch eine
erhöhte Aufmerksamkeit der Interagierenden und wird durch kulturbedingte
Wahrnehmungsfilter beeinflusst. Denn wie Menschen ihr Gegenüber wahrnehmen und was sie wahrnehmen, ist der kulturellen Sozialisation geschuldet. Aus
wenigen, meist unbewusst, aufgenommenen Informationen wird auf die ganze
Person geschlossen. Damit gehen Wahrnehmungsfehler einher, die im Training
zu hinterfragen sind.

Äußere wahrnehmbare Aspekte eines Menschen lassen nicht zwangsläufig auf
sein Wesen schließen. Akteure sind sich ihrer Außenwirkung mehr oder weniger bewusst. Dies strahlt er nach außen, wodurch andere Personen einen ganz
bestimmten Eindruck von ihm erhalten. Dieser kann je nach zugrunde liegender

Tagesstimmung variieren und sollte daher immer von den Akteuren vor jeden, vor allem neuen, Kontaktaufnahmen bewusstwerden.

Dieses Teilbewusstsein über das Selbst, zählt zur Selbstkompetenz eines interkulturell Handelnden. Als ein übergeordnetes Ziel dieses Trainings kann Selbstkompetenz in Übereinstimmung mit dem Prozessmodell als Teilkompetenz von interkultureller Kompetenz betrachtet werden, welche in interkulturellen Settings zum Tragen kommt. Denn wer sich seiner kulturellen Herkunft und den damit verbundenen Werten und Handlungsweisen bewusst ist, kann diese in den jeweiligen Interaktionen angemessen einsetzen.

Zusammenfassend zielt das Training auf die Entwicklung von interkultureller Selbstkompetenz ab, welche sich auf das Thema „Der erste Eindruck" beschränkt. Diese Ausrichtung sowie alle weiteren Vorüberlegungen und Grundlagen flossen in das Trainingsdesign ein. Es entstand ein Zwei-Tages-Training mit mehreren aufeinander aufbauenden, thematisch auf das Thema abgestimmten Bausteinen. Diese bestehen aus einzelnen Übungen, welche mittels Teilzielen zur Erreichung des übergeordneten Trainingsziels interkulturelle Selbstkompetenz beitragen. Das Trainingsdesign geht in die Trainingsfeinplanung über. In tabellarischer Darstellung wurden die Übungen in eine zeitliche Abfolge gebracht, benötigte Materialien und Raumgestaltung aufgeführt sowie Pausen und Schlusszeiten festgelegt. Diese orientierten sich an den tatsächlichen Unterrichtszeiten der Pflegeschule, in der die Autorin als freie Dozentin tätig ist. Mit dieser Feinplanung wurde das Konzept abgerundet und einsatzfähig gemacht. Jedoch musste aufgrund des vorgegebenen Umfangs dieser Arbeit eine beispielhafte Auswahl des Trainingsdesigns und der Trainingsfeinplanung getroffen werden. So befindet sich in der Arbeit selbst der Trainingsbaustein, welcher den ersten Eindruck selbst thematisiert, während sich im Anhang des elektronischen Zusatzmaterials das gesamte Trainingsdesign und die Trainingsfeinplanung befindet.

# Ausblick

8

Im Rahmen umfassenderer Forschung könnte dieses Training erweitert werden durch den Einbezug der in dieser Arbeit vernachlässigten Aspekte aus Leenens Ablaufdiagramm: Durchführung, Evaluierung und Justierung. Dies ermöglicht das konkrete Beurteilen des zuvor festgelegten Trainingsprogramms bezüglich dessen Eignung, des Erreichens aller formulierten Teilziele sowie das Aufzeigen möglicher Verbesserungen. Dabei wäre die in diesem Training angestrebte Selbstkompetenz mittels der formulierten Teilziele der Übungen zu evaluieren. In diesen werden Kompetenzveränderungen festgehalten, die entweder durch Beobachtung oder durch Messung erkennbar sind. Selbstkompetenz als Ganzes zu überprüfen, gestaltet sich nach Lerch schwierig, denn die geringe begriffliche Trennschärfe der interkulturellen Teilkompetenzen Selbstkompetenz und Sozialkompetenz oder aber auch der weiteren Teilkompetenzen von Selbstkompetenz erschwerten das Erfassen eines Trainingserfolges. Daher scheint für die thematische Eingrenzung dieser Arbeit erst noch genau geprüft werden zu müssen, inwieweit eine Evaluierung möglich ist (Lerch, 2016, S. 220 ff.).

Durch den Einbezug des Ablaufpunktes Durchführung ist die Trainerqualität thematisierbar, welche weitestgehend bei der Trainingsentwicklung ausgeklammert wird. Kompetenzdefizite seinerseits führen möglicherweise zu Überforderungen der Trainees, wenn ein unprofessioneller Umgang mit deren Lernwiderständen und Emotionen oder mit ihren gruppendynamischen Prozessen erfolgt (Leenen, 2007, S. 781). Rationale Planung, Durchführung und Bewertung des Trainings werden durch Empathie, Kreativität und Erfahrung des Trainers im Umgang mit einem einzigartigen dynamischen Trainingsverlauf lediglich ergänzt (Kammhuber, 2010, S. 57). Geschulte Trainer grenzen klassisch eher statische Kulturmodelle wie Kulturdimensionen oder -standards deutlich vom neuerenn dynamischen Kulturverständnis ab, wodurch sich ein umfassenderes und tieferes Kulturverständnis der Trainees ergibt (Hiller, 2010, S. 429). Grundlage für

© Der/die Autor(en), exklusiv lizenziert an Springer Fachmedien Wiesbaden GmbH, ein Teil von Springer Nature 2022
J. Böcek-Schleking, *Interkulturelle Trainings – Eine exemplarische Konzeptentwicklung für die neue Pflegeausbildung*, https://doi.org/10.1007/978-3-658-40419-2_8

eine Einbindung des ausgelassenen Punktes könnten Hinweise von Nazarkie-
wicz darstellen. Sie beschreibt, wie Trainer mittels Moderation und Intervention
Stereotypisierungen didaktisch begegnen und durch bewusste Gesprächsführung
interkulturelle Kompetenz fördern können (Hiller, 2010a, S. 27). Dies ermöglicht
gegebenenfalls eine verstärkte Einbindung der Wertequalität im Sinne Scholz,
welche in dieser Arbeit nur implizit durch die Formulierungen von Instruktionen
oder Reflexionen erfolgte.

Eine weitere Empfehlung zielt auf die Nutzung dieses Trainings im universitären Ausbildungsrahmen ab. Die neue Pflegeausbildung umfasst neben
der beruflichen Ausbildung eine neue dreijährige primärqualifizierende hochschulische Pflegeausbildung. Auch im universitären Kontext ließe sich dieses
interkulturelle Training einbetten, da diese Ausbildungsvariante ebenfalls auf
eine interkulturelle Praxis vorbereitet und die staatliche Prüfung zum Pflegefachmann bzw. zur Pflegefachfrau beinhaltet (Bosch, o.A.). Zudem haben aus dem
Ausland stammende Studierende die Möglichkeit zur Aufnahme dieses Studi-
ums und sind dementsprechend auf den deutschen Pflegekontext vorzubereiten
(Hiller/Vogler-Lipp, 2010, S. 6).

Die Umsetzung dieses Trainings in der virtuellen Welt wäre ein weiteres Thema für spätere Forschung. Der aktuelle Bedarf an Distanzunterricht ist
eigenen Erfahrungen nach in Zeiten der Corona-Pandemie erheblich gestiegen.
In der betrieblichen Weiterbildung werden seit längerem computerunterstützte
Lernsysteme eingesetzt. Als Trainingsinstrument liegen u. a. Lernprogramme,
Simulationen, Problemlösungssysteme und hypermediale Lernsysteme vor. Das
ist eine in Trainings des interkulturellen Managements bisher noch wenig
genutzte (Konradt, 2010, S. 85) Sonderform computergestützter Lernsysteme, mit
dem Ziel, Lernende zu motivieren, sich selbstständig mit dem Lerngegenstand
auseinanderzusetzen und individuelle Lösungen unter selbständiger Lernfort-
schrittskontrolle zu finden (ebd., S. 81). Mit diesen Angeboten könnten die Ziele
der generalistischen Ausbildung vermittelt werden, welche laut Pflegeberufegesetz die Befähigung zur selbstständigen Ausführung umfangreicher Aufgaben als
Pflegekraft forciert (BMFSFJ, 2017). Im Hinblick auf die Wirksamkeit solcher
Medien ist nach Konradt der Nutzen hypermedialer Lernsysteme nur im Zusammenhang mit der Aufgabe und den spezifischen Lernbedingungen zu erfassen.
Dies wirkt sich auf den Kosten-/ Nutzenaspekt alternativer Lernformen aus (ebd.,
S. 86). Aktuell beschränkten sich erste Wirkungsanalysen auf die Akzeptanz der
Benutzer, welche zusammengefasst als hoch eingeschätzt wird (ebd.). Inwieweit
sich computerbasierte Simulationen oder Online-Instrumente im Trainingseinsatz
bewähren werden, sei Leenen zufolge noch „völlig offen" (Leenen, 2007, S. 780).
Bolten hingegen räumt dem Learning by collaboration „die vielfältigsten und

authentischsten Möglichkeiten" (Bolten, 2010a, S. 109) ein, „weil Interkulturalität
von den Beteiligten hier als realer und selbstkonstruierter Prozess erfahrbar wird:
Sie generieren in ihrer Zusammenarbeit [...] selbst eine „Interkultur", die nur
noch bedingt durch [...] die Regie von Lehrenden gesteuert ist" (ebd., Hervorh.
im Orig.).

Zudem sind bei der Überführung dieses Trainings in den virtuellen Raum aufgrund der Kulturgebundenheit der Übungen Grenzen gesetzt. „Trainings auch
im Bereich des E-Learnings [sind] immer in bestimmten kulturspezifischen
Kontexten entwickelt worden [...] und [dürfen] nicht unreflektiert in „fremde"
Lernkontexte implementiert werden" (ebd., S. 112). Dieses Training wurde für
Trainees entwickelt, welche für den deutschen Pflegekontext vorbereitet werden
sollen. Würde es für Trainees genutzt, welche für den ausländischen Kontext
im Rahmen von Erasmus-Programmen vorzubereiten sind oder für den internationalen Unterricht im Sinne internationaler Hochschuldidaktik, müssten die
Rahmenbedingungen wie Zielgruppen und Klientel, aber auch gesetzliche Vorgaben neu einbezogen werden. Hieraus ergeben sich vermutlich andere inhaltliche
Ausrichtungen. Daher ist es Bolten zufolge besonders wichtig, die Passfähigkeit
der Methoden gerade bei kulturell heterogenen Gruppen zu prüfen und einen
kontinuierlichen Prozess des interkulturellen Aushandelns zu betreiben (ebd.).
Inwieweit sich dieses Trainingskonzept in die virtuelle Welt, z. B. via des bereits
durch die Autorin in anderen Kontexten genutzten Video-Plattform Zoom, über-
tragen lässt, wäre noch mittels einer experimentellen Einheit zu prüfen. Es sei
zumindest angemerkt, dass die Autorin solche Übungen ausgewählt hat, welche sich hypothetisch für diesen virtuellen Kontext eignen. Zoom beispielsweise
lässt, zumindest in der kostenpflichtigen Version, größere Gruppe und Partnerar-
beiten mittels sog. Breakoutrooms zu. Auch die Inszenierung des Kulturschocks
wäre möglich, wobei sich dann das für einen Trainer unangemessene Verhalten
auf das Gesichtsfeld beschränken müsste, bspw. durch offensichtliches Kaugum-
mikauen oder Kaffeeschlürfen. Aber auch hier sei abermals angemerkt: Was im
deutschen Lern- und Pflegekontext als unangemessen erscheinen mag, muss in
anderen kulturellen Räumen und Situationen nicht als solches gelten.

# Literaturverzeichnis

aerzteblatt.de (2019): *Altenpflegeberuf für Schulabgänger wenig attraktiv. aerzteblatt.de* (Hrsg.). Verfügbar unter: https://www.aerzteblatt.de/nachrichten/100737/Altenpflegeb eruf-fuer-Schulabgaenger-wenig-attraktiv (Zugriff am 24.03.2021).

Ahrens, Cynthia/ Ahrens, Leif (2014): *Leadership-Intelligenz – Zehn Gebote für souveräne und sozial kompetente Führung.* 2. Aufl. Wiesbaden: Springer Gabler.

Akademie für Gesundheitsberufe (2019): *Anpassungslehrgang Pflege. Akademie für Gesundheitsberufe* (Hrsg.). Verfügbar unter: https://bildungsakademie-wuppertal.de/ (Zugriff am 24.03.2021).

Amrhein, Ludwig/ Heusinger, Josefine/ Ottovay, Kathrin/ Wolter, Birgit (2015): *Die Hochaltrigen. Expertise zur Lebenslage von Menschen im Alter über 80 Jahren.* 60640047. Köln. Verfügbar unter: https://www.bzga.de/infomaterialien/fachpublikationen/forschung-und-praxis-der-gesundheitsfoerderung/band-47-die-hochaltrigen/ (Zugriff am 06.03.2020).

Ang-Stein, Claudia (2015): *Interkulturelles Training. Systematisierung, Analyse und Konzeption einer Weiterbildung.* Wiesbaden: Springer Fachmedien.

Arens, Frank (2019): *Rahmenpläne als integrierte Bildungspläne – Begründungszusammenhänge aus der Fachkommission.* Verfügbar unter: https://www.researchgate.net/pub lication/337293374_Rahmenplane_als_integrierte_Bildungsplane_-_Begrundungszusa mmenhange_aus_der_Fachkommission (Zugriff am 09.02.2020).

BAMF/ BMI (2018): *Migrationsbericht der Bundesregierung 2018.* Bundesamt für Migration und Flüchtlinge; Bundesministerium des Innern für Bau und Heimat. Verfügbar unter: https://www.bamf.de/SharedDocs/Anlagen/DE/Forschung/Migrationsberic hte/migrationsbericht-2018.html?nn=403964 (Zugriff am 26.12.2022).

Baykara-Krumme, Helen/ Motel-Klingebiel, Andreas/ Schimany, Peter (2012): *Viele Welten des Alterns?* In: Baykara-Krumme, Helen/ Motel-Klingebiel, Andreas/ Schimany, Peter (Hrsg.): Viele Welten des Alterns. Ältere Migranten im alternden Deutschland. Wiesbaden: VS Verlag für Sozialwissenschaften / Springer Fachmedien, S. 11–42.

Becker, Georg E. (2007): *Unterricht planen. Handlungsorientierte Didaktik.* Weinheim, Basel: Beltz Verlagsgruppe.

Behrnd, Verena (2010): *Interkulturelle Kompetenz durch didaktisches und erfahrungsbasiertes Training an der Universität.* In: interculture journal 9 (12), S. 79–96. Verfügbar unter: www.interculture-journal.com (Zugriff am 27.03.2020).

© Der/die Herausgeber bzw. der/die Autor(en), exklusiv lizenziert an Springer Fachmedien Wiesbaden GmbH, ein Teil von Springer Nature 2022
J. Böcek-Schleking, *Interkulturelle Trainings – Eine exemplarische Konzeptentwicklung für die neue Pflegeausbildung,*
https://doi.org/10.1007/978-3-658-40419-2

Bennett, Milton J. (2018): *Developmental Model of Intercultural Sensitivity*. In: Kim, Young Y. (Hrsg.): The international encyclopedia of intercultural communication. Hoboken, USA: Wiley-Blackwell, S. 1–10.

Berninghausen, Jutta/ Hecht-El Minshawi, Béatrice (2013): *Interkulturelle Kompetenz. Managing cultural diversity; das Trainings-Handbuch*. 5. Aufl. Bremen: Kellner.

Bezirksregierung Düsseldorf (2019): *FAQ – Anpassungslehrgänge im Rahmen der Gleichwertigkeitsprüfung nichtakademischer Heilberufe*. Verfügbar unter: https://www.google.com/url?sa=t&rct=j&q=&esrc=s&source=web&cd=4&ved=2ahUKEwjKlMqQn6TpA hWE-KQKHU4YBx8QFjADegQIBBAB&url=https%3A%2F%2Fwww.brd.nrw.de% 2Fgesundheit_soziales%2FLPA-NAH-Start%2Fpdf-Gesundheitsfachberufe%2FAnpa ssungslehrgang_GKP_FAQ.pdf&usg=AOvVaw2TYLVVevxdXHabhjbta1L8 (Zugriff am 08.05.2020).

Blume, Jutta D. (2014): *Mit dem ersten Eindruck begeistern. Wie wir andere in 5 Minuten für uns gewinnen. Entspannt und authentisch in Beruf und Privatleben. Ich coache mich selbst!* Hannover: Schlütersche Verlagsgesellschaft mbH & Co. KG.

BMBF (2015): *Berufsbildungsbericht 2015*. Bundesministerium für Bildung und Forschung; Referat Grundsatzfragen der beruflichen Aus- und Weiterbildung. Bonn. Verfügbar unter: https://www.bmbf.de/publikationen/?L=1 (Zugriff am 12.12.2019).

BMFSFJ (2017): *Gesetz zur Reform der Pflegeberufe (Pflegeberufereformgesetz – PflBRef)*. BMFSFJ. Bundesgesetzblatt. 2581–2614. Verfügbar unter: https://www.bmfsfj.de/ bmfsfj/service/gesetze/gesetz-zur-reform-der-pflegeberufe-pflegeberufereformgesetz-- 119230 (Zugriff am 24.03.2021).

BMFSFJ (2018): *Ausbildungs- und Prüfungsverordnung für die Pflegeberufe. Bundesministerium für Familie, Senioren, Frauen und Jugend/ Bundesministerium für Gesundheit* (Hrsg.). Verfügbar unter: https://www.bmfsfj.de/bmfsfj/service/gesetze/ausbildungs-und-pruefungsverordnung-fuer-die-pflegeberufe-122884 (Zugriff am 24.03.2021).

BMFSFJ (2019): *Ausbildungsoffensive Pflege (2019–2023). Vereinbarungstext Ergebnis der Konzertierten Aktion Pflege / AG 1*. 2. Aufl. Bundesministerium für Familie, Senioren, Frauen und Jugend. 3BR181. Berlin. Verfügbar unter: https://www.bmfsfj.de/bmf sfj/service/publikationen/ausbildungsoffensive-pflege--2019-2023-/135566 (Zugriff am 05.12.2019).

BMFSFJ (22.10.2019): *„Mach Karriere als Mensch!" Bundesweite Pflegekampagne gestartet. BMFSFJ* (Hrsg.). Verfügbar unter: https://www.bmfsfj.de/bmfsfj/aktuelles/alle-mel dungen/bundesweite-pflegekampagne-gestartet/140338 (Zugriff am 24.03.2021).

BMG (2018): *Pflegeberufegesetz. BMG* (Hrsg.). Verfügbar unter: https://www.bundesgesund heitsministerium.de/pflegeberufegesetz.html (Zugriff am 24.03.2021).

BMG (2020): *Zahlen & Fakten zur Pflegeversicherung. Bundesministerium für Gesundheit*. Verfügbar unter: https://www.google.com/url?sa=t&rct=j&q=&esrc=s&source= web&cd=1&cad=rja&uact=8&ved=2ahUKEwiBp6WM34XoAhXYwAIHHZAeDa0Q FjAAegQIBBAB&url=https%3A%2F%2Fwww.bundesgesundheitsministerium.de%2Ft hemen%2Fpflege%2Fpflegeversicherung-zahlen-und-fakten.html&usg=AOvVaw2S8 AX85raJWPwYJ0bwQ9SX (Zugriff am 06.03.2020).

BMJV (2018): *Ausbildungs- und Prüfungsverordnung für die Pflegeberufe*. In: Bundesgesetzblatt. BMJV. Bundesministerium der Justiz und für Verbraucherschutz. S. 1572–1621.

Verfügbar unter: https://www.bgbl.de/xaver/bgbl/start.xav?startbk=Bundesanzeiger_ BGBl&start=//*[@attr_id=%27bgbl118s1572.pdf%27]#__bgbl__%2F%2F*%5B%40a ttr_id%3D%27bgbl118s1572.pdf%27%5D__1672094289996 (Zugriff am 29.01.2020).

Bolten, Jürgen (2007): *Was heißt „Interkulturelle Kompetenz?" Perspektiven für die internationale Personalentwicklung.* In: Berninghausen, Jutta/ Kuenzer, Vera (Hrsg.): Wirtschaft als interkulturelle Herausforderung. Business across cultures. Frankfurt am Main: IKO – Verl. für Interkulturelle Kommunikation, S. 21–42.

Bolten, Jürgen (2010a): *Interkulturelle Kompetenzvermittlung via Internet.* In: Wordelmann, Peter (Hrsg.): Internationale Kompetenzen in der Berufsbildung. Stand der Wissenschaft und praktische Anforderungen. 1. Aufl. Bonn: Bertelsmann W. Verlag.

Bolten, Jürgen (2010b): *Interkultureller Trainingsbedarf aus der Perspektive der Problemerfahrungen entsandter Führungskräfte.* In: Götz, Klaus (Hrsg.): Interkulturelles Lernen /Interkulturelles Training. 7. Aufl. Augsburg: Rainer Hampp Verlag, S. 57–75.

Bolten, Jürgen (2016): *Interkulturelle Trainings neu denken. Rethinking Intercultural Trainings.* In: interculture journal – Onlinezeitschrift für interkulturelle Studien, 15 (15), S. 75–92. Verfügbar unter: http://www.interculture-journal.com/index.php/icj/article/view/ 293/359 (Zugriff am 24.03.2021).

Bosch, Thomas (o.A.a): *Pflegestudium. Bundesministerium für Familie, Senioren, Frauen und Jugend* (Hrsg.). Verfügbar unter: https://www.pflegeausbildung.net/alles-zur-ausbildung/ pflegestudium.html (Zugriff am 24.03.2021).

Bosch, Thomas (o.A.b): *Voraussetzungen für die Ausbildung. Bundesministerium für Familie, Senioren, Frauen und Jugend* (Hrsg.). Verfügbar unter: https://www.pflegeausbildung.net/ alles-zur-ausbildung/voraussetzungen-und-struktur.html (Zugriff am 24.03.2021).

Bose, Alexandra von/ Terpstra, Jeannette (2012): *Muslimische Patienten pflegen. Praxisbuch für Betreuung und Kommunikation.* Berlin, Heidelberg: Springer-Verlag.

BReg (2019): *Konzertierte Aktion Pflege. Vereinbarungen der Arbeitsgruppen 1 bis 5.* 3. Aufl. Die Bundesregierung. Berlin. Verfügbar unter: https://www.bundesgesundheitsmini sterium.de/konzertierte-aktion-pflege.html (Zugriff am 27.04.2020).

Budde, Svenja (15.06.2018): *„Ältere Menschen mit Migrationsgeschichte: gesundheitliche Lage und Zugang zu Gesundheitsförderung und Versorgung".* Kreishaus Detmold. Verfügbar unter: https://www.lzg.nrw.de/service/veranstaltungen/archiv/2018/180 307_vernetzung/index.html (Zugriff am 26.12.2022).

Bühler, Sylvia (2015): *Ausbildungsreport Pflegeberufe 2015.* Berlin. Verfügbar unter: www. gesundheit-soziales.verdi.de (Zugriff am 16.04.2020).

Der Spiegel (05.06.2018): *Was gegen den Notstand in der Pflege hilft.* In: Der Spiegel. Verfügbar unter: https://www.spiegel.de/karriere/pflegenotstand-so-werden-pflegeberufe-att raktiv-a-1211138.html (Zugriff am 24.03.2021).

Destatis (2016): *Ältere Menschen in Deutschland und der EU.* 0010020-16900-1. Wiesbaden. Verfügbar unter: https://www.destatis.de/DE/Themen/Gesellschaft-Umwelt/Bevoelker ung/Bevoelkerungsstand/Publikationen/Downloads-Bevoelkerungsstand/broschuere-ael tere-menschen-0010020169004.html (Zugriff am 19.04.2020).

DIP (2019): *Landesberichterstattung Gesundheitsberufe Nordrhein-Westfalen 2017. Situation der Ausbildung und Beschäftigung.* Deutsches Institut für angewandte Pflegeforschung e. V. Düsseldorf.

Dobischat, Rolf/ Kühnlein, Gertrud/ Schurgatz, Robert (2012): *Ausbildungsreife. Ein umstrittener Begriff beim Übergang Jugendlicher in eine Berufsausbildung.* Arbeitspapier

189. Düsseldorf. Verfügbar unter: https://www.econstor.eu/bitstream/10419/116642/1/ hbs_arbp_189.pdf (Zugriff am 07.06.2020).

Döring, Sandra (2010): *Formulierung von Lernzielen. Didaktische Handreichung. Technische Universität Duisburg* (Hrsg.). Verfügbar unter: https://www.google.com/url?sa=t& rct=j&q=&esrc=s&source=web&cd=&ved=2ahUKEwj34rWcz57uAhXFO-wKHV1W BwUQFjAFegQIDhAC&url=https%3A%2F%2Ftu-dresden.de%2Fmz%2Fressourcen% 2Fdateien%2Fservices%2Fe_learning%2Fdidaktische-handreichung-formulierung-von-lernzielen-aus-dem-projekt-seco&usg=AOvVaw0fqnwIABApBB4NfMMLTfzr (Zugriff am 15.01.2021).

Durak (11.12.2019): *Re: Kultursensible Altenpflege für Pflegefachschüler.* Böcek-Schleking, Jasmin. E-Mail. Bochum. 11.12.2019.

DW Deutsche Welle. 29.01.2019: *Der erste Eindruck ohne zweite Chance | Made in Germany.* Psychologie. Verfügbar unter: https://www.dw.com/de/der-erste-eindruck-ohne-zweite-chance/av-47280757 (Zugriff am 24.03.2021).

Eberhard, Verena (2018): *„Was ist eigentlich ‚Ausbildungsreife‘?“. Bundeszentrale für Politische Bildung* (Hrsg.). Verfügbar unter: https://www.bpb.de/gesellschaft/bildung/zukunft-bildung/279966/ausbildungsreife (Zugriff am 24.03.2021).

Engelhard, Hans P./ Wappenschmidt-Krommus, Ellen (2015): *Zwischenbericht zur Ausbildungs- und Qualifizierungsoffensive Altenpflege (2012–2015).* 1. Aufl. 3BR84. Berlin. Verfügbar unter: https://www.bmfsfj.de/bmfsfj/service/publikationen/zwisch enbericht-zur-ausbildungs-und-qualifizierungsoffensive-altenpflege-2012-2015--77260 (Zugriff am 17.12.2019).

EP/ ER (2009): *Empfehlung des Europäischen Parlaments und des Rates vom 18. Juni 2009 zur Einrichtung eines Europäischen Leistungspunktesystems für die Berufsbildung (ECVET)Text von Bedeutung für den EWR.* Europäische Parlament und Rat. C 155/02. Verfügbar unter: http://eur-lex.europa.eu/LexUriServ/LexUriServ.do?uri=OJ:C: 2009:155:0011:0018:DE:PDF (Zugriff am 12.12.2019).

Freifrau von Hirschberg, Kathrin-Rika/ Hinsch, Jutta/ Kähler, Björn (04/2018): *Altenpflege in Deutschland – Ein Datenbericht 2018.* BGW 55–83–110. Hamburg. Verfügbar unter: www.bgw-online.de (Zugriff am 15.04.2020).

Götz, Klaus/ Bleher, Nadine (2010): *Unternehmenskultur und interkulturelles Training.* In: Götz, Klaus (Hrsg.): Interkulturelles Lernen/Interkulturelles Training. 7. Aufl. Augsburg: Rainer Hampp Verlag, S. 11–56.

Haack, Adrian (2018): *Dramapädagogik, Selbstkompetenz und Professionalisierung.* Wiesbaden: Springer Fachmedien.

Habermann, Monika/ Stagge, Maya (2015): *Menschen mit Migrationshintergrund in der professionellen Pflege.* In: Zängl, Peter (Hrsg.): Zukunft der Pflege. 20 Jahre Norddeutsches Zentrum zur Weiterentwicklung der Pflege. Wiesbaden: Springer Fachmedien, S. 1–19.

Helfrecht, Stephanie (2014): *Interkulturelles Training für Pflegefachschüler aus Bayreuth.* IIK Bayreuth e. V. (Hrsg.). Verfügbar unter: https://www.iik-bayreuth.de/website/de/iik/ praxisfelder/interkulturelle-trainings/beispiele/kultursensible-altenpflege-fuer-pflegefac hschueler (Zugriff am 02.12.2019).

Hellige, Barbara (2005): *Handbuch für eine kultursensible Altenpflegeausbildung.* Evangelische Fachhochschule Hannover Berlin. Verfügbar unter: https://docplayer.org/20774601-Handbuch-fuer-eine-kultursensible-altenpflegeausbildung.html (Zugriff am 26.11.2019).

Hiller, Gundula G. (2010a): *Einleitung: Überlegungen zum interkulturellen Kompetenzerwerb an deutschen Hochschulen.* In: Hiller, Gundula G./ Vogler-Lipp, Stefanie (Hrsg.): Schlüsselqualifikation Interkulturelle Kompetenz an Hochschulen. Grundlagen, Konzepte, Methoden. Wiesbaden: VS Verlag für Sozialwissenschaften / GWV Fachverlage GmbH, S. 19–35.

Hiller, Gundula G. (2010b): „*Was machen Sie denn da eigentlich?*" – oder: FAQ 1 – 10 *Fragen zu interkulturellen Trainings an Hochschulen.* In: Hiller, Gundula G./ Vogler-Lipp, Stefanie (Hrsg.): Schlüsselqualifikation Interkulturelle Kompetenz an Hochschulen. Grundlagen, Konzepte, Methoden. Wiesbaden: VS Verlag für Sozialwissenschaften / GWV Fachverlage GmbH, S. 35–56.

Hiller, Gundula G./ Vogler-Lipp, Stefanie (Hrsg.) (2010): *Schlüsselqualifikation Interkulturelle Kompetenz an Hochschulen. Grundlagen, Konzepte, Methoden.* Wiesbaden: VS Verlag für Sozialwissenschaften / GWV Fachverlage GmbH.

Hundenborn, Gertrud/ Ammende, Rainer/ Arens, Frank/ et al. (2019): *Rahmenpläne der Fachkommission nach § 53 PflBG. Rahmenlehrpläne für den theoretischen und praktischen Unterricht. Rahmenausbildungspläne für die praktische Ausbildung. Bundesinstitut für Berufsbildung (BIBB)* (Hrsg.). Verfügbar unter: https://www.bibb.de/de/86562.php (Zugriff am 10.01.2020).

Hundenborn, Gertrud/ Heul, Guido/ Zwicker-Pelzer, Renate (2018): *Kultursensibilität im Gesundheitswesen. Modulhandbuch für eine kompetenzorientierte, wissenschaftsbasierte und multiprofessionelle Aus-, Fort- und Weiterbildung in den therapeutischen und pflegerischen Gesundheitsfachberufen. Ministerium für Arbeit, Gesundheit und Soziales* (Hrsg.). Verfügbar unter: https://www.mags.nrw/gesundheits-und-pflegeberufe (Zugriff am 24.03.2021).

Hundenborn, Gertrud/ Rosen, Susan/ Scheu, Peter/ et al. (2011): *Leitfaden zur Entwicklung und Einführung modularisierter Curricula in beruflichen Bildungsgängen der Altenpflege.* Bielefeld, Köln. Verfügbar unter: https://www.fh-bielefeld.de/inbvg/abgeschlossene-projekte/modularisierung (Zugriff am 09.12.2019).

IKUD Seminare (4. September 2008): *Interkulturelle Kompetenz in der Polizeiausbildung. Polizei Fachhochschule Brandenburg.* info@ikud-seminare.de. Göttingen. Verfügbar unter: https://www.ikud-seminare.de/pressemitteilungen/interkulturelle-kompetenz-in-der-polizeiausbildung-polizei-fachhochschule-brandenburg.html?gclid=EAIaIQobChMI 8vKC85Xx5gIViLHtCh3uNwdtEAAYAyAAEgLb_vD_BwE (Zugriff am 26.12.2022).

IKUD Seminare (24.03.2021): *Interkultureller Trainer: Ausbildung zum Trainer in 5 Modulen. IKUD Seminare* (Hrsg.). Verfügbar unter: https://www.ikud-seminare.de/seminare/interkultureller-trainer-ausbildung-in-5-modulen.html (Zugriff am 26.12.2022).

Kade, Jochen/ Nittel, Dieter/ Seitter, Wolfgang/ Egloff, Birte (2007): *Einführung in die Erwachsenenbildung/Weiterbildung.* 2. Aufl. Stuttgart: Kohlhammer.

Kammhuber, Stefan (2010): *Interkulturelles Lernen und Lehren an der Hochschule.* In: Hiller, Gundula G./ Vogler-Lipp, Stefanie (Hrsg.): Schlüsselqualifikation Interkulturelle Kompetenz an Hochschulen. Grundlagen, Konzepte, Methoden. Wiesbaden: VS Verlag für Sozialwissenschaften / GWV Fachverlage GmbH, S. 57–72.

Katholisches Klinikum Bochum gGmbH (2020): *Unsere Schulen und Angebote. Katholisches Klinikum Bochum gGmbH* (Hrsg.). Verfügbar unter: https://www.klinikum-bochum.de/bigest.html (Zugriff am 02.03.2021).

Knapp, Werner/ Pfaff, Harald/ Werner, Sybille (2008): *Kompetenzen im Lesen und Schreiben von Hauptschülerinnen und Hauptschülern für die Ausbildung – eine Befragung vonHandwerksmeistern.* In: Schlemmer, Elisabeth/ Gerstberger, Herbert (Hrsg.): Ausbildungsfähigkeit im Spannungsfeld zwischen Wissenschaft, Politik und Praxis. Wiesbaden: VS Verlag für Sozialwissenschaften / GWV Fachverlage GmbH, S. 191–206.

Knigge-Demal, Barbara/ Eylmann, Constanze/ Hundenborn, Gertrud (2011): *Entwurf des Qualifikationsrahmens für den Beschäftigungsbereich der Pflege, Unterstützung und Betreuung älterer Menschen. im Rahmen des Projektes „Modell einer gestuften und modularisierten Altenpflegequalifizierung.* Fachhochschule Bielefeld; Deutsches Institut für angewandte Pflegeforschung e. V. Bielefeld, Köln. Verfügbar unter: https://www.fh-bielefeld.de/inbvg/abgeschlossene-projekte/modularisierung (Zugriff am 09.12.2019).

Köhler, Gabriele/ Kopp, Johannes (2006): *Wahrnehmung, soziale.* In: Schäfers, Bernhard/ Kopp, Johannes/ Lehmann, Bianca (Hrsg.): Grundbegriffe der Soziologie. 9. Aufl. Wiesbaden: VS Verlag für Sozialwissenschaften, S. 344–356.

Kohls, Martin (2012): *Pflegebedürftigkeit und Nachfrage nach Pflegeleistungen von Migrantinnen und Migranten im demographischen Wandel – Forschungsbericht 12.* 1. Aufl. Nürnberg: Bundesamt für Migration und Flüchtlinge.

Konradt, Udo (2010): *Hypermediale Lernsysteme zum Training interkulturellen Managements.* In: Götz, Klaus (Hrsg.): Interkulturelles Lernen /Interkulturelles Training. 7. Aufl. Augsburg: Rainer Hampp Verlag, S. 77–90.

Krummrich, Wolfgang/ Maul-Krummrich, Gabriele (2010): *Gut vorbereitet im Unterricht. Planung von Lernprozessen.* Weinheim, Basel: Beltz.

Kühn-Hempe, Cornelia/ Hundenborn, Gertrud/ Scheu, Peter (2011): *Modulhandbuch für die dreijährige Altenpflegeausbildung in Nordrhein-Westfalen. im Rahmen des Projektes „Modell einer gestuften und modularisierten Altenpflegequalifizierung".* Bielefeld, Köln. Verfügbar unter: https://www.fh-bielefeld.de/inbvg/abgeschlossene-projekte/modularisierung (Zugriff am 10.12.2019).

Kumbruck, Christel/ Derboven, Wibke (2009): *Interkulturelles Training. Trainingsmanual zur Förderung interkultureller Kompetenzen in der Arbeit; mit 68 Folien und Materialien.* 2. Aufl. Berlin, Heidelberg: Springer.

Leenen, Rainer (2007): *Interkulturelles Training: Psychologische und pädagogische Ansätze.* In: Straub, Jürgen/ Weidemann, Arne/ Weidemann, Doris (Hrsg.): Handbuch interkulturelle Kommunikation und Kompetenz. Grundbegriffe – Theorien – Anwendungsfelder. Stuttgart, Weimar: Verlag J.B. Metzler, S. 773–784.

Lerch, Sebastian (2016): *Selbstkompetenzen. Eine erziehungswissenschaftliche Grundlegung.* Wiesbaden: Springer Fachmedien.

MAGS NRW (2020): *Minister Laumann: Generalistische Pflegeausbildung eröffnet nie dagewesene Chancen im Pflegeberuf.* presse@stk.nrw.de. Düsseldorf. Verfügbar unter: https://www.land.nrw/de/pressemitteilung/minister-laumann-generalistische-pflegeausbildung-eroeffnet-nie-dagewesene-chancen (Zugriff am 23.03.2021).

MAGS NRW (2021): *Finanzierung. Ausbildungsfonds refinanziert Kosten für Ausbildungen in der Pflege.* MAGS NRW (Hrsg.). Verfügbar unter: https://www.mags.nrw/pflegeberufe reform-finanzierung (Zugriff am 24.03.2021).

Matolycz, Esther (2009): *Kommunikation in der Pflege.* 1. Aufl. Wien: Springer Verlag.

Mazziotta, Agostino/ Piper, Verena/ Rohmann, Anette (2016): *Interkulturelle Trainings. Ein wissenschaftlich fundierter und praxisrelevanter Überblick*. Wiesbaden: Springer Fachmedien.

Meyer Junker, Ruth: *Lernziele formulieren leicht gemacht. Handlungsanleitung! DiE – Deutsches Institut für Erwachsenenbildung* – (Hrsg.). Verfügbar unter: https://wb-web.de/mat erial/methoden/lernziele-formulieren-leicht-gemacht.html (Zugriff am 02.01.2021).

Müller, Klaus (2009): *Implementierung eines Lernaufgabenkonzeptes in die betriebliche Pflegeausbildung*. Universität Bremen. Bremen. Verfügbar unter: http://nbn-resolving.de/urn: nbn:de:gbv:46-diss000114766 (Zugriff am 06.12.2019).

Nguyen, Nhung T./ Biderman, Michael D./ McNary, Lisa D. (2010): *A validation study of the Cross- Cultural Adaptability Inventory*. In: International Journal of Training and Development, S. 112–129. Verfügbar unter: https://www.researchgate.net/public ation/227781486_A_validation_study_of_the_Cross-Cultural_Adaptability_Inventory (Zugriff am 16.09.2020).

Radtke, Rainer (2020): *Verteilung sozialversicherungspflichtig Beschäftigter in der Pflege in Deutschland nach Pflegeart und Geschlecht im Jahr 2019*. Statista (Hrsg.). Verfügbar unter: https://de.statista.com/statistik/daten/studie/1029877/umfrage/verteilung-von-pflegekraefte-in-deutschland-nach-pflegeart-und-geschlecht/ (Zugriff am 24.03.2021).

Röll, Christine (2010): *Interkulturelles Lernen in der Erwachsenenbildung. Eine Methodensammlung*. 1. Aufl. Hamburg: Diplom.de.

Roth, Juliana (2010): *Interkulturelle Lernmaßnahmen heute: Neue Realitäten – neue Konzepte*. In: Götz, Klaus (Hrsg.): Interkulturelles Lernen /Interkulturelles Training. 7. Aufl. Augsburg: Rainer Hampp Verlag, S. 115–136.

Rudnicka, J. (2020): *Durchschnittliches Alter der Mütter bei der Geburt nach Geburtenfolge bis 2019*. Statista (Hrsg.). Verfügbar unter: https://de.statista.com/statistik/daten/stu die/249278/umfrage/durchschnittliches-alter-der-muetter-bei-der-geburt-nach-geburtenf olge-in-deutschland/ (Zugriff am 26.10.2020).

Schildmann, Christina/ Voss, Dorothea (2018): *Aufwertung von sozialen Dienstleistungen. Warum sie notwendig ist und welche Stolpersteine noch auf dem Weg liegen*. Nr. 4. Düsseldorf. Verfügbar unter: https://www.boeckler.de/pdf/p_fofoe_report_004_2018.pdf (Zugriff am 02.05.2020).

Scholz, Helga/ DIN e. V. (2016): *Qualität für Bildungsdienstleistungen. Qualitätssicherung und -entwicklung nach DIN EN ISO 9001, DIN ISO 29990, DVWO und AZAV*. 3. Aufl. Berlin: Beuth Verlag GmbH.

Spies, Stefan (2010): *Der Gedanke lenkt den Körper. Körpersprache – Erfogsstrategien eines Regisseurs*. 1. Aufl. Hamburg: Hoffmann und Campe.

Stagge, Maya (2016): *Multikulturelle Teams in der Altenpflege*. 1. Aufl. Wiesbaden: Springer Fachmedien.

Stangle, Werner (2021): *primacy-effect*. Verfügbar unter: https://lexikon.stangl.eu/4882/pri macy-effect-effekt/ (Zugriff am 24.03.2021).

Stanjek, Karl/ Beeken, Rainer (2005): *Sozialwissenschaften*. 2. Aufl. München: Urban & Fischer.

Steffen, Petra/ Löffert, Sabine (2010): *Ausbildungsmodelle in der Pflege. Forschungsgutachten im Auftrag der Deutschen Krankenhausgesellschaft*. Deutsches Krankenhausinstitut e. V. Düsseldorf. Verfügbar unter: http://docplayer.org/6872576-Ausbildungsmodelle-in-der-pflege.html (Zugriff am 20.12.2019).

Straub, Jürgen (2010): *Lerntheoretische Grundlagen [interkultureller Kompetenz]*. In: Wei-demann, Arne/ Straub, Jürgen/ Nothnagel, Steffi (Hrsg.): Wie lehrt man interkulturelle Kompetenz? Theorien, Methoden und Praxis in der Hochschulausbildung. Ein Handbuch. Bielefeld: transcript Verlag, S. 31–98.

Strewe, Bettina (2010): *Zur Vorbereitung interkultureller Trainings*. In: Hiller, Gundula G./ Vogler-Lipp, Stefanie (Hrsg.): Schlüsselqualifikation Interkulturelle Kompetenz an Hochschulen. Grundlagen, Konzepte, Methoden. Wiesbaden: VS Verlag für Sozialwis-senschaften / GWV Fachverlage GmbH, S. 73–86.

Tagesschau.de (25.02.2020 09:24): *Gutachten zur Altenpflege- Was fehlt: 120.000 Pflege-kräfte. Tagesschau.de* (Hrsg.). Verfügbar unter: https://www.tagesschau.de/altenpflege-gutachten-101.html (Zugriff am 26.02.2020).

Tezcan-Güntekin, Hürrem/ Razum, Oliver (2015): *Pflege von Menschen mit Migrationshin-tergrund: Spezifische Bedürfnisse erkennen*. In: Deutsches Ärzteblatt 112(39): A-1564 / B-1304 / C-1274, S. 1564–1566. Verfügbar unter: https://www.aerzteblatt.de/archiv/ 172279/Pflege-von-Menschen-mit-Migrationshintergrund-Spezifische-Beduerfnisse-erk ennen (Zugriff am 23.01.2020).

Thomas, Alexander/ Kinast, Eva-Ulrike/ Schroll-Machl, Sylvia (2010): *Entwicklung inter-kultureller Handlungskompetenz von international tätigen Fach- und Führungs-kräften durch interkulturelle Trainings*. In: Götz, Klaus (Hrsg.): Interkulturelles Ler-nen/Interkulturelles Training. 7. Aufl. Augsburg: Rainer Hampp Verlag, S. 91–114.

U.P.K. (2000): *Halo-Effekt. Spektrum.de* (Hrsg.). Verfügbar unter: https://www.spektrum.de/ lexikon/psychologie/halo-effekt/6232 (Zugriff am 24.03.2021).

Velica, Iona (2010): *Lernziele und deren Bedeutung im Unterricht*. In: Neue Didaktik (2), S. 10–24. Verfügbar unter: https://www.pedocs.de/frontdoor.php?source_opus=5859 (Zugriff am 24.03.2021).

Vogelsang, Imme/ Barth-Gillhaus, Eva (2018): *Punkten in 100 Millisekunden. Ihr Wegweiser für einen starken Auftritt*. 2. Aufl. Wiesbaden: Springer Fachmedien.

Walter, Anja (2020): *Kultursensible Pflege lehren und lernen – ein Beitrag aus pflegedidakti-scher Perspektive*. In: Schilder, Michael/ Brandenburg, Hermann (Hrsg.): Transkulturelle Pflege. Grundlagen und Praxis. 1. Aufl., S. 99–120.

Printed in the United States
by Baker & Taylor Publisher Services

Printed in the United States
by Baker & Taylor Publisher Services